UNE VISITE

A LA

MAISON CENTRALE D'AUBERIVE

OUVRAGES DU MÊME AUTEUR

———

Histoire des ordres de chevalerie et des distinctions honorifiques en France. — 1 vol. in-4°. . . . . 15 fr.

Agnès Sorel et Charles VII, essai sur l'état politique et moral de la France au quinzième siècle. — 1 vol. in-8°. . . . . 7 fr. 50

L'Invasion de 1814 dans la Haute-Marne. — 1 vol. in-8°.   3 fr.

UNE VISITE

A LA

MAISON CENTRALE D'AUBERIVE

PAR

F.-F. STEENACKERS

Membre du Conseil général de la Haute-Marne

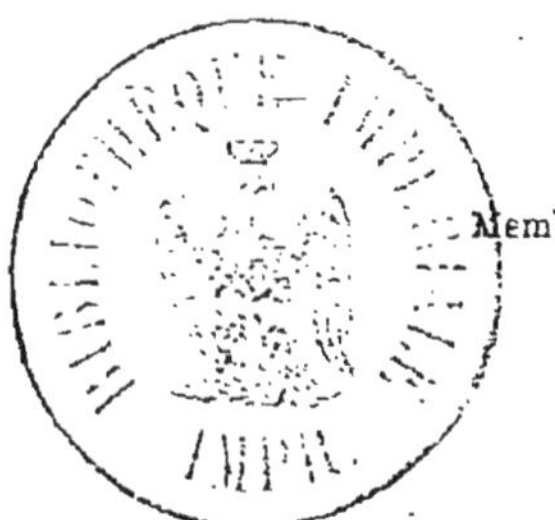

PARIS

LIBRAIRIE ACADÉMIQUE

DIDIER ET Cᵉ, LIBRAIRES-ÉDITEURS

35, QUAI DES AUGUSTINS, 35

—

1869

AVANT-PROPOS

Après une visite faite en compagnie de quelques amis à la Maison centrale de force et de
correction d'Auberive, dans les premiers jours
d'octobre dernier, il me vint à l'idée de jeter
sur le papier les impressions que j'avais éprou-
vées, ou que j'avais recueillies. Notre promenade dans ce royaume des ombres, sorte d'enfer ou de purgatoire anticipé, n'avait été, ou
peu s'en faut, qu'une affaire de pure curiosité,
— je ne dis pas d'agrément. J'avoue même
qu'en prenant la plume, je ne songeais qu'à
rendre mes impressions de voyageur et de
curieux. J'étais entré en touriste dans l'établissement d'Auberive, à peu près comme j'étais

entré naguère dans le couvent de Vallombrosa
en Italie, et ce n'était qu'en touriste que j'en
voulais parler. Voilà que, cependant, ainsi que
le verront ceux qui me feront l'honneur de me
lire, j'en suis venu à faire de la critique, à distribuer l'éloge et le blâme, à rappeler la Révolution et ses réformes, à marquer les mouvements et les étapes du progrès, dans une
question spéciale, il est vrai; et, Dieu me par-
donne ! à faire presque œuvre de réformateur !

On connaît l'histoire si spirituellement et si
agréablement racontée par Méry, dans la *Chasse
au Chastre*, de ce violoncelliste du théâtre de
Marseille, grand amateur de chasse, presque
autant que de musique, mais moins compétent
dans l'un que dans l'autre de ces deux arts,
qui, un beau jour de congé, rencontrant un
chastre dans le voisinage de sa *bastide*, le
poursuit indéfiniment le fusil à la main, et peu
à peu, sans s'en apercevoir, franchit les Alpes,
toujours à la suite de l'oiseau ensorcelé ; et
d'aventure en aventure, passe les Apennins,
et arrive à Rome, où, si je ne me trompe, il sé-
journe deux ans. Le chastre l'avait mené loin :

il ne pensait guère à Rome quand il sortait de
sa *bastide* avec son arme innocente, à la pour-
suite du gibier inespéré. Eh bien! peu s'en
faut qu'il ne me soit arrivé la même chose avec
Auberive. Comme le violoncelliste de Méry, en
ne cherchant qu'une distraction, c'est presque
un long voyage que j'ai fait. Seulement, il y a
quelque différence : je n'ai pas manqué le
chastre, je l'ai même trouvé sans le chercher,
et je ne suis pas demeuré deux ans dans la
région étrangère où j'étais entré.

D'où cela vient-il? Comment expliquer cet
écart entre le point d'arrivée et le point de
départ?

Il n'y a pas, je dois le dire, à chercher bien
loin. Quoi qu'on dise et qu'on fasse aujourd'hui,
il est difficile d'échapper à la politique : tout
chemin y conduit, comme à Rome, et même
sans qu'on y pense. Il faut une grande volonté
pour ne pas être attiré dans son centre d'at-
traction, et, si peu qu'on en approche, on
est saisi par elle avec une force irrésistible.
C'est le cylindre qui vous prend par la basque
de votre habit et qui ne lâche plus prise.

Grands et petits, riches et pauvres, il faut de toute nécessité que chacun aille à elle : on ne peut pas plus l'éviter que l'on ne peut sauter hors de son ombre. On serait presque tenté de dire d'elle ce que l'on a dit d'une autre puissance, plus redoutable :

> Le pauvre, en sa cabane où le chaume le couvre,
> Est soumis à ses lois,
> Et la garde qui veille aux barrières du Louvre
> N'en défend pas nos rois.

Oui, la politique est partout. Et comment en serait-il autrement ? Quelle est la question un peu sérieuse qui n'en dépende ? Quel est l'intérêt un peu considérable qui ne s'y relie comme à son centre ? La richesse d'une nation, la moralité, première condition de la richesse, le progrès ou l'arrêt du bien-être et des idées, la prospérité ou la décadence de la patrie, qui enveloppe plus ou moins, mais d'une manière fatale, celles de chacun des citoyens, le présent et l'avenir en un mot, est-ce que tout cela ne se rapporte pas à la politique comme l'effet à sa cause ? Aussi ne saurait-on trop admirer l'insanité de ceux qui, s'en remettant au hasard

de ces grands intérêts, les plus légitimes et les
plus sacrés, les livrent aux premiers venus ou
à ceux-là mêmes qui les ont compromis, semblables à des passagers d'une longue traversée
qui s'en rapporteraient au sort pour le choix
du capitaine du navire, ou, mieux encore,
recruteraient le pilote parmi les plus inha-
biles et les plus signalés par leurs naufrages.
Et, chose singulière ! ce sont les plus intéressés
à la prospérité publique, ceux qui ont le plus à
perdre dans la perte commune, qui y sont les
plus indifférents, et montrent le plus d'aveu-
glement puéril et de crédulité naïve.

Il semble cependant qu'on est arrivé à la
limite extrême; il semble qu'un meilleur vent
se lève, que la lumière commence à se faire
autour des moins clairvoyants, et que la conscience publique, s'éveillant enfin, rejette cette
invétérée et tenace indifférence, qui a été le
principe de tout le mal. On se demande ce que
l'on a gagné à ce long sommeil, tantôt si lourd,
tantôt si agité, à cette confiance irréfléchie et
sans limite laissée à des guides d'abord désignés
par le hasard et marchant ensuite dans les voies

ténébreuses de l'aventure. Le malaise général, le mauvais état des affaires, la torpeur des relations commerciales et industrielles, l'état des finances, la progression périodique des emprunts, la multiplicité des charges et des entraves que l'agriculture subit depuis si longtemps et qui s'aggravent chaque jour, l'impôt du sang rendu plus pesant et plus étendu, l'inquiétude du présent et l'incertitude de l'avenir, conséquences nécessaires d'une politique mystérieuse et chimérique, tout cela ne pouvait pas rester sans effet chez un peuple intelligent. Il a pu se tromper dans ses choix, parce que personne n'est infaillible; il a pu mal placer sa confiance, parce qu'il est loyal et bon, et que, plein d'honneur, il croit volontiers à la parole d'autrui; mais il sait aussi, quand il le faut, se retourner, et le moment arrive toujours où il ouvre les yeux à la lumière.

A moins que nous ne nous fassions une grande illusion, le temps des votes de confiance est donc passé, et dans la crise qui approche, l'on ne voudra plus de ce jeu de dupes où des mains furtives manœuvraient dans l'ombre et escamotaient la volonté d'un grand peuple. On sent bien que l'on n'a rien gagné au jeu, que tout le monde au contraire y a perdu, et peut-être ceux-mêmes qui prétendaient le jouer à leur profit.

Est-ce que, par exemple, le gouvernement est aussi fort aujourd'hui qu'il y a quinze ans? Et enfin, — car il ne faut pas se lasser de le répéter, — quels sont les intérêts sérieux qui sont satisfaits ou se sentent pleinement rassurés? Les intérêts religieux restent toujours menacés du renversement du grand principe qui en est comme l'incarnation et la forme visible; les intérêts matériels savent ce que l'on peut redouter des coups soudains de la volonté solitaire qui a fait le traité de commerce et préparé la grandeur de la Prusse; les intérêts libéraux n'ont pas plus de garantie contre les tâtonnements et les indécisions d'une pensée incertaine et défaillante. Chacun comprend enfin que la volonté et la pensée du pays doivent rejeter toute tutelle, que cette liberté politique, si longtemps présentée comme un épouvantail, est au contraire la sauvegarde universelle, et que son écroulement ou son simulacre est le principe de tous les ébranlements et de toutes les ruines.

Les pages que l'on va lire ont paru en feuilletons, il y a quelques semaines, dans le journal *le Progrès de la Haute-Marne*. Je ne voulais, dans les lignes qui précèdent, que les annoncer et demander à mes nouveaux lecteurs un peu d'indgence pour le décousu qu'elles peuvent présenter, et les incorrections d'un premier jet. Je me suis laissé entraîner au-delà du but, et, avec l'intention de réparer ma faute, je ne fais que la répéter. Si c'est là l'effet d'une pensée qui ne se mesure pas, j'en porterai la peine; si c'est l'effet d'un entraînement irrésistible, l'excuse ira d'elle-même auprès de ceux qui pensent que la préoccupation du progrès et le sentiment de la liberté sont toujours à leur place, alors même qu'ils paraissent usurper.

Château d'Arc-en-Barrois (Haute-Marne), décembre 1868.

I

Notre siècle semble piqué de la tarentule.
Personne ne sait rester en place. On n'a jamais
tant vu de voyages, ni de voyageurs. Ce sera
bientôt une merveille qu'un homme qui n'aura
pas visité les quatre parties du monde. Un poëte
italien, Alfieri, je crois, disait qu'il n'y avait
pas de supplice pour lui comme de ne pas re-
muer (1), ni de plaisir comme de changer de
place ; aussi était-il sans cesse par monts et par
vaux. Nous faisons tous plus ou moins comme

(1) L'antiquité a fait un supplice à Thésée de cette immobi-
lité. *Sedit æternumque sedebit* (Virgile, 6ᵉ chant).

Alfieri. Ceux-là même qui en plaisantent, ne sont pas plus sages. Il faut que nous enfourchions, vaille que vaille, l'hippogriffe. On dirait vraiment, à nous voir courir ainsi, que nous tenons une gageure contre l'espace et le temps, ou que nous ne sommes chez nous que sur les grandes routes. Est-ce un si grand mal, dira-t-on? Eh! non, sans doute : il faut être de son temps, et puisque nous sommes nés au siècle de la vapeur, il faut user de la vapeur. Je trouve même très-naturel qu'après avoir déjeuné le matin à Paris on coure dîner le soir à Londres, si l'on en a la fantaisie; qu'on visite le mont Blanc, le Vésuve, Herculanum et Pompéï, l'Alhambra ou les Pyramides, ou encore qu'on s'en aille faire une partie de chasse au fond de l'Inde ou dans les gorges de l'Atlas entre deux sessions des Chambres françaises ou du Parlement britannique. Mais ne saurait-on aussi garder un peu de curiosité pour son pays? La baie de Naples, le Pausilippe, le Colysée, le Vatican, les grands horizons de la campagne Romaine, les lacs et les glaciers de la Suisse, les usines et les docks de la Tamise, les vieux châteaux qui bordent le Rhin, tous ces spectacles curieux et divers ont leurs équivalents chez nous. Pourquoi donc n'avons-nous d'yeux et de jambes que pour ceux qu'il faut aller chercher avec peine et au loin ?

Je n'ai pas le monopole de ces réflexions. Il est bien peu de gens qui ne les aient faites et spécialement, j'imagine, ceux qui les suggèrent. Quel est le voyageur, le touriste de métier, voire même les *dilettanti*, plus modestes et plus sages, qui ne poussent que des pointes rapides vers la vallée du Rhin ou les montagnes de la Suisse, qui ne se disent en rentrant chez eux qu'ils avaient à leur porte des choses aussi dignes d'être regardées ? Je ne veux pas que l'on médise de ces admirations, d'où qu'elles viennent ; aussi bien le beau ne connaît pas de méridien, et le grand n'a pas de patrie. Mais combien de fois (pour ne parler que de ce qui nous touche de plus près) en parcourant notre département, par exemple, devant le gigantesque viaduc de Chaumont et le riche bassin de verdure qu'il domine, devant le magnifique panorama que l'œil embrasse des remparts de Langres, dans les plaines luxuriantes et fertiles du Bassigny, au milieu de nos grands bois, qui donnent comme l'illusion des forêts du Nouveau Monde, de nos vallées si fraîches et si pittoresques, et aussi en visitant nos établissements de toute sorte, ou à la vue des ruines de quelques uns d'entre eux, ruines si récentes encore, dont se sont enrichis, hélas! aux dépens de notre industrie, si grand nombre de nos paysages; combien de fois, dis-je, ne m'est-il pas arrivé de faire les réflexions que je viens d'indiquer? Disons mieux : on ne saurait faire un pas dans ces contrées sans que l'esprit en soit assailli. Je m'en suis bien aperçu, il y a quelques jours, en remontant la vallée de l'Aujon et les premières lignes de celle de l'Aube.

On ne se rend pas d'ordinaire à Auberive pour admirer les beautés de la nature : c'est un autre intérêt, une autre sorte de curiosité qui nous y attire. Il est difficile toutefois de passer avec indifférence et sans regarder un peu autour de soi, en suivant cette belle route de Longeau à Bar-sur-Aube qui, à partir d'Arc-en-Barrois, se déroule en méandres capricieux entre deux chaînes de collines tourmentées, à travers ou aux pieds des jolis villages de Giey, de Saint-Loup, d'Eriseul et de Bay. Ce n'est pas le vaste groupement de la chaîne des Vosges avec ses enfoncements profonds et ses collines élevées; c'est encore moins le gran-

diose de la Suisse et ses aspects variés à l'infini ;
c'est quelque chose d'analogue pourtant, avec
le même charme poëtique, affaibli ou plutôt
adouci, laissant dans l'âme une teinte plutôt
qu'un fonds de mélancolie, attirant comme un
lac agité, non pas comme un abîme. C'est vraiment une nature faite tout exprès pour les
crayons ou les pinceaux de nos paysagistes.
Rousseau, Troyon, Corot ou Daubigny y auraient trouvé mille sujets de tableaux et des
inspirations plus hautes même que celles que
nous offrent leurs toiles. Ici, l'artiste n'a qu'à
ouvrir les yeux et l'imagination les ailes. Une
seule chose manque, les grands horizons, les
longues perspectives. Mais que de compensa-
tions dans la multiplicité des points de vue,
dans la distribution des eaux, dans le groupement des bois sur les sommets ou les flancs des
coteaux, dans les oppositions de l'ombre et de
la lumière, dans cette variété des teintes si remarquable qu'offrent nos forêts, et qui tient à
la variété des essences dont elles se composent!

Je m'aperçois que je m'arrête bien longtemps
aux préliminaires. L'objet de mon excursion
n'est pas précisément d'indiquer des sujets aux
artistes, ni de recueillir des impressions poéti-

ques pour mon compte, non plus que de prendre texte pour blâmer « le désir de voir et l'humeur inquiète, » qui ont trouvé de si puissants auxiliaires dans l'électricité et la vapeur. Il est encore cependant quelques réflexions dont je n'ai pu me défendre en chemin, et que je demande la permission de ne pas garder pour moi seul.

Je parlais, il y a un moment, de ruines : je veux dire aussi un mot de leur effet dans les paysages. Cet effet est incontestable. Prenez le paysage le plus terne et le plus froid, une plaine aride et crevassée, une montagne nue et désolée, un vallon étroit et étouffé, vos yeux ne les rencontrent que pour s'en détourner aussitôt. Cela est laid, affreux, et vous ne sentez au cœur aucune émotion, si ce n'est celle qu'y laisse le vulgaire et le déplaisant. Mais que vous jetiez une ruine sur ces tristes paysages ; que sur cette plaine vous aperceviez une église croulante, avec ses arceaux envahis et protégés par le lierre ; que sur cette montagne un château féodal vous montre ses créneaux démantelés, ses tourelles lézardées ou à moitié couchées sur le sol ; que dans ce vallon une chaumière abandonnée, avec son toit effondré, sa cheminée éventrée et noircie, frappe vos regards, une émotion toute différente s'empare de vous ; une teinte toute nouvelle s'est étendue sur cette nature que vous regardiez avec dédain ou avec indifférence ; ce que vous jugiez laid, s'est comme embelli tout à coup ; c'est toute une métamorphose. L'impression est toujours un peu triste sans doute ; mais la tristesse qu'on ressent, a son charme ; on s'y complaît comme à un chant mélancolique qu'on entendrait s'élever tout à coup dans le lointain en parcourant une campagne solitaire.

Il y a une exception qu'il faut dire. J'ai beau faire, je ne puis trouver la poésie des ruines dans les ruines de l'industrie. Une usine abandonnée m'attriste sans compensation ; la ruine, alors, au lieu de donner de la beauté aux paysages qui n'en ont pas, en ôte même à ceux qui en ont. Je n'éprouvais pas, en passant devant les fourneaux éteints de la Cude et d'Auberive, ce que j'avais éprouvé tant de fois en présence des ruines que j'avais rencontrées dans mes voyages en Italie, en Grèce, en Bretagne ou sur le Rhin, et je me demandais d'où venait cette différence, et s'il n'y avait pas là une contradiction.

Je n'étais pas seul au moment où cette question s'élevait en moi ; j'avais entre autres compagnons de route, le docteur P*** et un ami de
Paris, qui passe pour être un peu philosophe.
Je leur soumis le cas, en m'adressant d'abord
au dernier, que je jugeais naturellement le plus
compétent dans l'espèce.

« — La chose peut paraître embarrassante,
dit-il, et pourtant votre théorie sur la poésie
des ruines en général, me paraît irréprochable.
Serait-ce que le paysage sans l'homme manque
son effet, et que, si l'homme y tient trop de
place, il le manque pareillement? Je serais assez
porté à le croire. Cela est clair pour le premier
point : le Poussin, Ruysdaël, les autres encore
parmi les anciens et les plus grands parmi nos
contemporains ont si bien compris cela que,
quand ils n'ont pas pu mettre l'homme dans
leurs compositions, ils ont toujours mis ce qui
le rappelle, en prenant, bien entendu, des êtres
ou des objets en harmonie avec l'effet, gai ou
triste, auquel ils visaient. Cela n'est pas moins
clair non plus pour le second point. Quand les
peintres veulent susciter, par exemple, le sentiment esthétique de la mélancolie et faire avec
des couleurs ce que le poëte fait avec des mots

dans l'élégie, pensez-vous qu'ils aillent prendre des objets ou des situations qui soulèvent le cœur ou qui lui donnent des émotions poignantes de terreur, ou même de pitié? Ils s'en gardent bien. Des insensés seuls auraient l'idée de jeter dans un paysage des scènes de meurtre ou de carnage. La nature ne se marie pas avec les misères ou les sottises des hommes; quand elles entrent dans son cadre, elles l'envahissent tout entier, et elle-même disparaît. Vous pouvez encore avoir avec cela un tableau, mais ce tableau ne sera plus un paysage, ce sera tout autre chose.

— Mais une ruine, ajoutai-je, une ruine, quelle qu'elle soit, rappelle toujours les sottises ou les misères des hommes, puisqu'il s'y mêle toujours l'idée de destruction, et alors où est l'explication? »

— Attendez, me dit-il; il y a ruines et ruines. Celles d'un château féodal, d'une église ou d'un temple, d'une chaumière ou même d'un hameau, ne me montrent les maux dont elles sont les signes, que dans un lointain vague ou d'une manière indéterminée; je ne connais pas les gens qui ont souffert; les idées tristes qui se mêlent aux objets, m'effleurent plutôt qu'elles ne me pénètrent; elles planent sur le paysage; elles ne l'effacent pas. Il n'en est pas de même si ce mal est présent, si ceux qui l'ont éprouvé sont encore devant mes yeux. L'émotion de l'homme étouffe alors celle de l'artiste. Or, c'est là précisément le cas de ces ruines de l'industrie. Il n'y a là ni exception ni contradiction. Ce qui vous étonne, c'est tout simplement le résultat de notre traité de commerce, objet de tant de belles espérances, qui ne se sont guère réalisées ici. »

Je n'ai pas besoin de dire que j'arrêtai là mon philosophe.

« —Pas de politique, lui dis-je; vous savez où cela mène. Comme nous sommes trois, il surgirait naturellement trois opinions différentes, et, si elles venaient à se heurter, nous risquerions fort de ne pas entrer dans la Maison d'Auberive aujourd'hui.

— Et vous, docteur, ajoutai-je en me tournant vers mon autre compagnon; est-ce là aussi votre avis?

— Complétement, répondit-il. Je regarde avec plaisir le vieil invalide avec sa jambe postiche, son bras en caoutchouc ou son nez de carton; le mal qu'il a souffert est passé et je ne vois que l'auréole qui l'environne; mais, si je l'opérais, ou si seulement je le voyais opérer, toute cette poésie ambiante s'envolerait, et il ne resterait chez moi que la sympathie excitée par sa souffrance.

Étais-je convaincu? Ce qui est certain c'est que je ne protestai pas. D'ailleurs nous arrivions à Auberive, et nous avions deux choses importantes à faire, dejeuner d'abord, puis visiter la Maison Centrale, qui nous réservait des impressions d'une autre nature, où la poésie sans doute n'avait que faire.

II

L'enclos où est la Maison Centrale d'Auberive n'a pas toujours eu la population d'*out-
laws* (1) qu'il renferme aujourd'hui. On peut
lire dans Jolibois l'histoire de celle qui y vécut
jusqu'à la révolution. Ce n'est pas sans intérêt
pour ceux qui aiment à se donner la vision du
passé et à le rapprocher du présent.

Je n'ai pas à prendre la défense des moines,
ils appartiennent à l'histoire ; c'est à elle à les
juger ; mais j'imagine qu'il y a eu bien des pré-

(1) On donne en Angleterre aux proscrits le nom de *out-
laws*, qui veut dire *hors la loi*.

jugés, bien des préventions à leur endroit, qu'on a daubé souvent sur eux plus que de raison, et singulièrement qu'on a plus d'une fois surfait leur jouissance des biens d'ici-bas. L'abbaye d'Auberive en est une preuve certaine. Il s'en faut bien qu'elle ait été une abbaye de Thélème. Elle eut de rudes moments à passer pendant les guerres civiles et les guerres religieuses, voire même dans les temps paisibles où le régime des commendes la donnait en pâture aux gens de cour, ecclésiastiques et autres. Voulez-vous savoir comment était réglée la pitance des religieux d'Auberive à la fin du seizième siècle? Écoutez ce qu'en dit Jolibois : « Les religieux adressèrent des plaintes à l'abbé de Clairvaux, leur supérieur immédiat, et celui-ci vint faire une visite extraordinaire à la maison en 1573. Il y trouva vingt-cinq moines et il devait y en avoir vingt-sept; l'église n'était plus entretenue, les membres de la communauté manquaient du nécessaire ; on ne faisait que rarement l'aumône et les gens de service étaient mal rétribués. — « Il faut, dit-il dans ses prescriptions, prendre immédiatement deux novices, réparer l'église e augmenter les aumônes. Chaque religieux aura pour sa pitance trois muids de vin et deux sols

six deniers au lieu d'un sol par jour, pour vêtements et nécessités, trente livres par an au
lieu de seize. Le novice aura trois feuillettes de
vin, bon et loyal, mesure de Dijon ; un sol par
jour et huit livres par an pour ses nécessités.....
On devra distribuer en aumônes quatre muids
de vin, trois émines de froment et vingt livres
tournois.... Les Religieux jouiront, comme par
le passé, des trois étangs de l'enclos, enfin, des
douze porcs gras, des douze chapons, des
douze pains de beurre et des douze douzaines
de pigeons que doivent les censiers ; et, pour
l'huile et le potage de carême, ils auront deux
bichets de navette noire (1). » — Même avec le
vin, lequel peut paraître en quantité suffisante,
qui pourrait trouver là quelque chose à envier ?
L'ennemi le plus acharné des moines, maître
Rabelais, aurait estimé bien maigre pour son
compte la pitance que nous venons de rappeler.
Le vin compris, il s'y serait difficilement rési-
gné. Et c'était le bon temps ! Quoi qu'en dise La
Fontaine, Dieu ne prodigue pas toujours ses
biens

> A ceux qui font vœu d'être siens (2).

(1) *La Haute-Marne*, par Jolibois, p. 38, 39.
(2) Ne pourrait-on pas citer comme preuve la situation que

Mais, si la table était assez médiocre dans la communauté d'Auberive, il n'en était pas tout à fait de même du logement. En général les Religieux étaient admirables pour choisir leurs lieux de campement et dresser leurs tentes de passage.

Si l'on en doutait, il suffirait de se rappeler l'abbaye de Clairvaux, si tranquillement abritée par une haute colline couronnée de forêts, si doucement assise en face de vertes et vastes prairies, ayant l'Aube presque à ses pieds et pouvant chaque jour se donner le spectacle d'un lever de soleil dans les montagnes. Sans avoir cette position de choix, la communauté d'Auberive en possédait quelques avantages, et ceux qui lui manquaient avaient été remplacés par d'autres, également appréciables. Enfermée entre deux collines boisées, abritée contre l'âpre bise du nord et de l'est et des vents pluvieux de l'ouest, couverte vers le midi, dans l'arrière du village, du côté de Praslay, par les beaux et grands rideaux d'aulnes du vallon élevé où coulent les premières eaux de l'Aube, baignée

le budget fait aux curés et aux desservants de nos campanges, dont le traitement est pour ainsi dire dérisoire?

par la rivière qui la traversait ainsi que ses vastes dépendances, elle offrait une retraite tranquille et comme un port commode aux naufragés du monde et à ceux qui en craignaient les orages. C'était bien un lieu fait exprès pour la double destination qu'il devait avoir, un lieu de recueillement et de prière, et aussi un lieu de châtiment et de pénitence, surtout si le châtiment et la pénitence devaient avoir pour auxiliaire le silence.

Il ne faudrait pas croire cependant que l'impression que l'on reçoit du dehors ait rien de triste ou de désagréable. Quand vous passez devant l'édifice actuel, qui est en partie l'ancienne maison conventuelle, vous n'êtes frappé au contraire que d'objets gracieux, qui attirent la vue et qui la charment. La maison ne ressemble pas moins à un château qu'à un couvent; il est vrai qu'elle est, pour le corps de logis, du dix-huitième siècle; la façade, peinte à la chaux, est d'une blancheur presque éblouissante; le jardin sur lequel elle donne est dessiné avec art, et entretenu avec un soin exquis; c'est comme un parterre qui invite à entrer. La grande grille d'entrée est un chef-d'œuvre de serrurerie. Si l'on n'avait placé, en grosses lettres, au-dessus du fronton qui la couronne, les mots : Maison centrale de force et de correction, on serait tenté de se croire devant une belle maison de plaisance. Mais, je l'avoue, cette diable d'affiche jette un peu de froid sur l'admiration.

C'est le cas de dire avec le Dante,

> Non t'inganni l'ampiezza dell'intrare (1) ;

et l'on se laisse aller bien vite à oublier la beauté du logement pour ne songer qu'aux pauvres créatures qui l'occupent.

Il reste encore néanmoins quelque chose de cette impression du dehors alors même qu'on a mis le pied dans l'intérieur de l'établissement. Il y a aussi, au premier abord, tant de choses qui jurent avec l'idée qu'on s'est faite de la prison de force, et des images qui s'y attachent dans notre esprit ! Quand on a visité les bagnes surtout, comme cela m'est arrivé, l'imagination a toujours devant les yeux, le *cammino alto e silvestre*, « le chemin sauvage et tortueux, » qui conduit au lieu des supplices, et malgré

(1) Ne te fie pas à la grandeur de l'entrée.
                        (Dante, l'*Enfer*, 5ᵉ chant.)

qu'on en ait, on se surprend à murmurer en entrant, quelque part qu'on aille :

> Per me si va nella città dolente
> Per me si va nell' eterno dolore;
> Per me si va tra la perduta gente (1).

Rien pourtant, et nous ne nous en plaignons pas, ne ressemble moins à l'entrée de *l'Enfer* du Dante, ou même aux salles des bagnes de Toulon et de Brest, que ce qui se voit à Auberive, soit dans les issues qui conduisent aux lieux des travaux, soit dans les autres parties de l'établissement qui rapprochent de la *perduta gente*. Partout, en effet, une propreté merveilleuse, une sorte d'élégance même et de recherche dans la propreté frappent la vue et la récréent. Les escaliers, les corridors, les salles de travail, la cuisine, le réfectoire, les dortoirs, l'infirmerie, tout cela blanchi à la chaux, brille d'un éclat doux et tempéré qui ne laisse pas que de plaire. Et avec quel soin tout est ici tenu! Il faudrait prendre une

(1) C'est par moi que l'on va dans la cité plaintive :
C'est par moi qu'on arrive aux tourments éternels :
C'est par moi qu'on arrive au milieu de la race maudite.
(Dante, *l'Enfer*, 3e chant.)

loupe pour y découvrir un grain de poussière. C'est presque à donner envie d'y habiter. Il est certain, du moins, que dans les meilleurs établissements d'instruction publique on ne rencontre pas toujours choses pareilles. Nous étions là trois personnes qui avions fait nos études dans les lycées de Paris ou de province, et nous fîmes tous trois en même temps la même remarque. Ce n'est pas un reproche, au moins, que nous adressons au système non plus qu'à l'administration de la prison; il s'en faut! Tout ce que l'on fait pour l'humanité nous touche comme de raison. N'y a-t-il pas aussi dans l'ordre, dans la bonne apparence des choses, dans la propreté, un élément de moralisation? Et la société, qui punit, ne se propose-t-elle pas de faire sortir du châtiment même l'amélioration du coupable?

M. Orbain, directeur de la Maison centrale, avec cette complaisance de l'homme bien élevé, à laquelle nous ne saurions trop rendre hommage, voulut bien nous accompagner dans notre visite et même nous faire assister au travail des détenues, à leurs repas, à leurs promenades, nous donnant à l'occasion, avec le tact discret de l'administrateur éclairé, les renseignements dont nous pouvions avoir besoin pour pénétrer dans les arcanes de cette vie, si tristement exceptionnelle. C'est partout la même bonne tenue, le même bon aspect des choses, et presque la même impression que celle que l'on éprouve à l'entrée, modifiée seulement par la différence des milieux. Il n'y a nulle part, dans les grands centres industriels, d'ateliers où règne un ordre plus parfait, une décence plus complète que dans ceux d'Auberive; et combien y en a-t-il qui en sont à une distance infinie! Nulle part non plus trois à quatre cents personnes, réunies dans la même salle pour faire leurs repas, ne sauraient y mettre plus de convenance, et surtout plus de silence. C'est un mérite un peu forcé, dira-t-on : d'accord; mais nous n'avons à constater que le fait, et le fait vaut la peine d'être remarqué. Obtenir que trois cent quatre-vingt femmes passent vingt-quatre heures ensemble, que dis-je? des mois entiers, des années entières sans parler, sans échanger une pensée ou ce qui y ressemble, au moyen de cet instrument de la voix dont on leur reproche de jouer si bien, les mauvaises langues diraient qu'il n'y a pas de plus grand prodige sous le ciel!

Parlons sérieusement, et je me reproche presque d'avoir souri. C'est ce silence qui est le côté sombre de cette existence de la prison, et qui gâte aussi aux yeux du visiteur tout ce qui lui a agréé jusque-là. Tant qu'on n'a vu que les ateliers, que les mouvements d'aller et de sortie, que les séances du réfectoire, l'impression qu'on reçoit de ce silence, malgré ce qu'il a d'absolu, de continu, d'opiniâtre, n'a rien de trop amer; l'idée du châtiment s'y mêle à peine; cela peut paraître une condition de l'ordre et du travail comme dans les maisons d'éducation; mais il n'en est plus ainsi quand on assiste à la promenade dite de récréation. Quelle récréation, bon Dieu! On n'y tient plus, et une grande tristesse envahit l'âme, si prévenu que l'on soit ou si endurci que l'on puisse être.

Il y a dans l'*Enfer* du Dante une peinture qui s'applique par quelques côtés à cette promenade des détenues. « Là, nous trouvâmes une « foule peinte, qui faisait à pas lents le tour de « l'enceinte, pleurant, et l'air fatigué..... Ils « avaient une chappe et des capuchons baissés « sur les yeux, taillés à la façon que l'on voit « aux moines de Cologne..... Nous marchions « à main gauche auprès d'eux, attentifs à leur

« triste gémissement. Courbées sous le poids,
« ces malheureuses âmes allaient si lentement
« le long des murailles que nous changions de
« compagnes à chaque mouvement (1). » Mais
c'est plus triste encore ici, si c'est possible, pour
le spectateur : là-bas il y avait quelque bruit, le
gémissement des ombres : ici on n'entend que
le silence. Des fantômes muets et vivants ! C'est
quelque chose qui serre le cœur. Comment les
malheureuses n'étouffent-elles pas dans cette
atmosphère sourde, dans cette espèce de cloche
où la machine pneumatique de la discipline a
fait le vide et interdit toute vibration, toute cir-
culation de la voix humaine ? On éprouve une
sorte de soulagement quand on apprend qu'elles
parviennent parfois à communiquer entre elles,

(1)   Laggiù trovammo una gente depinta,
        Che giva intorno assai con lenti passi,
        Piangendo e nel sembiante stanca e vinta
        Egli avean cappe con cappuci bassi
        Dinanzi agli occhi, fatte della taglia
        Cher per li monaci in Cologna fassi......
        Noi ci volgèmmo ancor pure a man manca
        Con loro insieme, al tristo pianto :
        Ma per lo peso quella gente stanca
        Venia si pian, che noi eravam nuovi
        Di compagnia ad ogni muover d'auca.

                    (Dante, l'*Enfer*, 25e chant.)

à échanger quelques pensées, non-seulement par les signes, mais par la parole. On songe en vain à l'infraction et à la nécessité de la discipline; l'humanité l'emporte.

Je m'aperçois que j'ai passé avec trop de rapidité dans le réfectoire. Il n'est pas sans intérêt peut-être de faire connaître le régime alimentaire des détenues. Le voici en quelques mots. Les condamnées mangent deux fois par jour : la première fois à neuf heures du matin, la seconde à quatre heures du soir. Chacun de ces repas est composé d'un seul et unique plat de légumes, qui varient chaque jour, soit en pommes de terre, haricots, riz, lentilles, etc., etc. La ration, qui n'est pas très-copieuse, paraît suffisante. Le dimanche et les jours fériés seulement, elles mangent de la viande. Le pain, de très-bonne qualité, est à discrétion. De plus chaque détenue peut acheter à la cantine du lard, ou du jambon, ou des saucisses, ou des fromages de diverses espèces. Mais cet *extra* ne doit pas dépasser la somme de vingt centimes par jour, et cette somme est prise sur la part de gain qui revient à chaque femme pour son travail journalier.

Tout cela est aussi bien accommodé que possible vu la position spéciale où se trouvent les personnes nourries. Je m'en assurai en goûtant le riz et le pain, ce que firent aussi quelques-unes des personnes qui m'accompagnaient; et pour être bien fixé sur la valeur du régime, je demandai au docteur P*** ce qu'il en pensait, et si cela suffisait pour vivre.

— Sans contredit, répondit-il, la cantine aidant. Je pense bien que les anciens habitants de la maison, si maigre que puisse avoir été leur pitance, ne l'auraient pas troquée aisément pour celle de la population qui les a remplacés; mais on a vu bien des gens atteindre les dernières limites de la vieillesse avec moins. Seulement les anémiés ne sont pas sur un lit de roses.

— Ni les autres non plus, docteur. Hélas! n'y a-t-il pas, même aujourd'hui, sur notre belle terre de France, bon nombre d'honnêtes gens qui n'ont rien de mieux à se mettre sous la dent?

— En revanche, ils ont en sus, avec le grand air, la nourriture fortifiante d'une bonne conscience et de la liberté; ce qui est quelque chose, — même au point de vue de l'hygiène, répondit le docteur. Qui pourrait dire aussi que la maigre pitance du dehors n'a pas quelque rapport avec la population du dedans?

Nous cotoyions ici un grand problème, et une longue discussion n'aurait peut-être pas été de trop pour le résoudre. Quelle est l'influence de la misère sur la criminalité ? Quelle action peut exercer le régime alimentaire sur l'état des détenus en général et des femmes en particulier ? Cela était tentant : nous résistâmes. Si c'était le lieu de succomber, ce n'était pas le moment. Quoi qu'il en soit, sauf meilleur avis, il me semble bien que, si l'homme ne vit pas seulement de pain, il saurait encore moins s'en passer, et que, si ce pain est blanc et arrosé de quelque chose de mieux que l'eau claire, les honnêtes gens n'en restent pas moins honnêtes et même que ceux qui ont cessé de l'être, n'en sont pas moins enclins à le redevenir.

III

On connaît l'histoire de ce brave homme qui allait pour la première fois à l'Opéra. On jouait *les Huguenots.*

— Eh bien ! lui demanda-t-on à la fin du spectacle, comment trouvez-vous cela ?

— Ma foi, répondit-il, ça serait diantrement joli sans la musique.

C'est à peu près ce que l'on se dit ici, mais moins naïvement, je crois, quand on vient d'assister au spectacle de la promenade, à cette lente procession des ombres dans l'empire du silence, et qu'on est encore tout entier à l'impression que produit sur l'âme la vue de ces malheureuses jetées par la justice humaine dans l'abîme des ténèbres extérieures. Cela déteint sur tout ce que l'on a vu jusqu'alors, et l'on est tenté de dire : « Ce serait là une bien belle maison de détention, sans les détenus. »

Cette influence est singulière, et je n'engage pas les gens nerveux à s'y exposer. Il semble que dans ce milieu, si peu qu'on le traverse, les sens prennent une vivacité, une susceptibilité toute particulière. On se croirait dans une atmosphère nouvelle, où les lois de l'optique et de l'acoustique auraient été troublées. Les objets n'ont plus les mêmes formes, les mêmes couleurs, ni les vibrations de l'air les mêmes sons. Quand on ouvre les portes, les serrures rendent un bruit qui ne ressemble à aucun autre ; la voix humaine a changé de timbre ; le visage a une physionomie qu'il n'avait pas en entrant. On ne se retrouve que lorsque l'on est dehors ; encore l'impression vous suit-elle long-temps après ; elle s'est incorporée à vous ; vos vêtements en sont pour ainsi dire imprégnés ; il faut réagir contre elle pour s'en débarrasser et pour ainsi dire la secouer comme une poussière.

Je n'ai pas besoin de dire que cette influence

enveloppait particulièrement les détenues, et ne les montrait guère dans un jour favorable. Il est certain que dans cette affreuse promenade (joli mot appliqué à une triste chose), elles paraissent toutes d'une belle laideur. Dans les ateliers, au réfectoire même, elles ne nous avaient pas produit le même effet; ici elles étaient vraiment hideuses. Etait-ce illusion ou réalité? Je m'interrogeais sincèrement sur ce point, et vraiment j'éprouvais une certaine perplexité; d'autant plus que je ne me rappelais pas avoir été affecté de la même manière en visitant les bagnes, où je n'avais pas trouvé que l'on fût beaucoup plus laid qu'ailleurs. Je me demandais, pour tâcher de me fixer, d'où pouvait venir cette différence. « Si c'est illusion, disais-je, pourquoi l'impression que je ressens ici, ne l'ai-je pas éprouvée en parcourant les bagnes? Et si c'est réalité, s'il est vrai que le crime enlaidisse, c'est-à-dire qu'il laisse sur la face une empreinte qui défigure l'œuvre de Dieu, pourquoi les hommes ne paraissent-ils pas aussi laids que les femmes quand ils portent cette empreinte? Est-ce qu'aussi l'image du crime choquerait moins dans l'homme que dans la femme? Ou bien le remords, le souvenir du passé, exerceraient-ils plus de ravages sur l'organisation fine et délicate du sexe faible que sur celle du sexe fort? Ou bien plutôt n'y avait-il pas dans la mise en scène des bagnes, si j'ose ainsi dire, dans l'étrangeté du costume, dans la bigarrure des couleurs, dans le rouge sombre de la casaque et du bonnet, dans les reflets qui s'en projettent sur les visages, dans l'audace et le cynisme des regards, dans la variété des attitudes, dans la nature des lieux, dans l'intensité d'effet sinistre et sauvage qui résultait de tout cela, comme un voile jeté sur le côté hideux des physionomies, qui couvrait l'expression du dedans par le pittoresque du dehors?

Je pensais haut: cela amena une causerie, que je demande la permission de rappeler à titre de digression. Aussi bien ce n'est pas une étude, non plus qu'une dissertation que nous donnons ici, mais les notes d'un curieux ou d'un voyageur, qui se pique moins de méthode que de vérité.

« — Je ne doute pas, pour mon compte, dit un de mes compagnons de route (je prends la liberté de mettre cette fois un masque entier sur le visage), que la différence que vous cherchez, ne doive être attribuée principalement à cette dernière cause. Le crime, comme le vice, se lit sur la face et sur la tête des deux sexes indistinctement ; il s'y grave lui-même en caractères éclatants et indélébiles.

— Est-ce à dire, repartis-je, qu'il y ait un rapport naturel, nécessaire, entre les penchants et les facultés de l'homme et les traits de son visage ainsi que les formes de sa tête ? Prenez garde ; vous tombez dans les rêveries ou du moins dans les inductions toutes conjecturales des physiognomistes et des phrénologistes ; et vous savez que tout cela est abandonné aujourd'hui ou bien compromis.

— C'est le moindre de mes soucis, répondit-il ; la science n'a rien à faire avec la mode et ses caprices. Je ne dis pas que le rapport soit visible pour tous ; mais il me paraît bien plus que probable qu'il existe. Du reste la question, je crois, n'est pas de savoir s'il existe, cela n'est guère contesté, mais si on peut arriver à l'établir par la méthode scientifique et à le soumettre aux lois d'une démonstration rigoureuse. Et pourquoi donc Dieu n'aurait-il pas permis qu'on vît l'âme à travers le corps, la liqueur à travers les parois du vase, ou que même celui-ci reçût de celle-là la forme accidentelle et définitive qu'il dût revêtir? S'il est vrai, et cela est incontestable — chacun le vérifie chaque jour — que le sentiment ou la passion du moment donne à la physionomie ou à l'attitude du corps telle ou telle expression déterminée, qui en est le signe, le symbole révélateur même pour les yeux les moins exercés, pourquoi ce même sentiment, cette même passion, agissant constamment ou d'une manière prédominante sur l'organisation extérieure, n'arriveraient-ils pas à la longue à donner à cet organisme comme un pli particulier? Ne comprend-on pas aisément que l'accident devienne permanent, que l'habitude fixe l'expression passagère et mobile. qu'elle imprime peu à peu aux muscles de la face et aux protubérances du crâne un relief, une forme enfin qui soit en harmonie avec le jeu mystérieux de nos facultés, avec le travail de l'âme sur elle-même, et qu'elle finisse par pétrir et façonner le visage et la tête de l'homme conformément au type qui constitue sa personnalité propre et aux diverses vicissitudes qu'il peut subir sous l'influence des circonstances extérieures ou sous l'empire de la liberté? Est-ce que l'attitude de l'homme timide est celle de l'homme audacieux? Est-ce que la figure de l'ascète est celle du sybarite? Est-ce que le regard de Tartufe est celui de Valère? Les artistes le savent bien ; ils ne donnent pas à Silène la tête et les épaules d'Hercule, ni à Hercule la panse de Silène. Cervantès n'a pas fait Sancho sur le modèle de Don Quichotte. Granville a très-bien compris cela dans ses *Animaux peints par eux-mêmes*. Et l'on pourrait croire que la nature, qui est l'artiste par excellence, n'aurait pas agi conformément à une loi que nous reconnaissons nous autres comme légitime? Cela n'est pas possible. Tenez : nous venons de voir la Dumolard. Pensez-vous qu'il vous fût possible de vous figurer madame de Sévigné ou madame Roland sous cette face ignoble?

— Non assurément, et l'idée seule en est révoltante. Mais la femme Frigart, que nous venons de voir aussi, n'a rien qui répugne à l'idée de l'honnête femme et de la femme intelligente. Son masque est dur et fier ; mais rien n'y a imprimé le vice ou le crime, et le rayon de l'intelligence est loin de s'y être effacé.

— Attendez ; l'homme est un être bien complexe ; ses facultés se neutralisent quelquefois et elles parviennent même à se dissimuler ;

l'on peut se mettre un masque sur le visage ;
mais ce qu'il faut ne pas oublier encore, c'est
que le visage n'est pas tout le miroir de l'âme ;
le phrénologue revendique sa part comme le
physionomiste : Gall et Spurzheim sont plus
vrais peut-être que Lavater. Écoutez une histoire, qui est authentique et enregistrée dans les
annales de la science.

« Il y a quelques années de cela, au temps
des expériences phrénologiques, à une table
d'hôte de Valence, un voyageur discourait sur
la phrénologie. On l'écoutait avec curiosité et
bienveillance. Un seul des convives paraissait
mal à l'aise ; il niait qu'il fût possible à un
homme de connaître quoi que ce soit de son
semblable en lui tâtant la tête. Le phrénologue
regarda attentivement son contradicteur ; il lui
trouva la tête étrange, et ne pouvant retenir sa
pensée : « Oui, monsieur, lui dit-il, la science
peut deviner les instincts, et j'oserai vous dire
que vous-même, monsieur, si l'éducation n'a-
vait maîtrisé vos penchants, vous auriez par-
couru la carrière du vol et du meurtre. » — A
ces mots, l'inconnu s'irrite ; il menace d'un
geste le phrénologue, quand soudain paraît un
gendarme. — « Messieurs, dit-il, que nul ne

sorte! Il y a parmi vous un voleur. » — Ce voleur, c'était l'inconnu, et l'inconnu c'était un redoutable assassin nommé Robert, échappé du bagne de Rochefort quelques jours auparavant.

« Un autre fait plus décisif encore, s'il est possible, et que je me rappelais en regardant les pauvres créatures que nous venons de quitter.

« Le docteur Félix Voisin, l'un des directeurs et fondateurs de la célèbre école de Vanves, instituée pour le traitement spécial des maladies mentales, et l'un des savants médecins de l'hospice de Bicêtre, alla en 1823 faire ses expériences de phrénologie au bagne de Toulon. Il s'était engagé à reconnaître, dans la majorité des cas, l'espèce d'infraction légale pour laquelle on était condamné. Le commissaire se prêta à l'épreuve, et, à un jour convenu, l'opérateur trouva sur l'un des quais de l'intérieur du bagne trois cent cinquante faussaires ou homicides, parmi lesquels, sur sa demande, étaient confondus vingt-deux hommes condamnés pour viol. Le commissaire était incrédule : « Cherchez ces vingt-deux cas, dit-il en souriant au docteur, et si vous les trouvez, prenez leurs numéros, je vous attends au secrétariat. »

« M. Voisin se mit à l'œuvre, et opéra sous les yeux du chirurgien et du médecin en chef de la marine de Toulon, du chirurgien-major, du conservateur du musée, personnages dont les noms m'échappent, mais que je retrouverais, si besoin était. Il soumet à son investigation les trois cent soixante-douze têtes mises à sa disposition, et chaque fois qu'il trouve un individu présentant le signe connu, il le fait sortir des rangs et prend son numéro. Or, savez-vous combien de fois il avait touché juste ? Sur les vingt-deux individus condamnés pour viol et confondus dans une foule de trois cent cinquante autres criminels, il en signala treize.

« Je pourrais multiplier les exemples à l'infini et pour les divers penchants, je pourrais citer mes expériences ou mes observations personnelles ; j'aime mieux vous renvoyer aux livres spéciaux et qui font autorité.

« — A la bonne heure ! Mais n'a-t-on pas fait contre ces systèmes des objections tirées de la liberté morale, qui s'en trouverait compromise ?

« — On en a fait, et à tort. Qu'une faculté prédominante chez un individu ait un signe extérieur à la surface du crâne ou n'en ait pas

que nos penchants et notre caractère se reflè-
tent sur notre visage ou restent cachés dans
l'intérieur de l'âme, qu'importe? La question
de la liberté n'est pas là. »

Nous avions enfourché un dada qui pouvait
nous mener loin. Je demandai les conclusions.

« — Mon Dieu! répondit-on, j'avoue que je
suis pris au dépourvu. Je vous donne mes impressions et mes souvenirs, voilà tout. Il me
paraît pourtant que l'on peut, sans trop se
compromettre, établir cette première conclusion, à savoir, que le crime n'embellit pas, non
plus que le vice, ce qui n'est du reste, je pense,
contesté de personne. »

« — Conclusion, par parenthèse, qui porte
bien au delà de l'enceinte que nous venons de
franchir, dont tôt ou tard s'aperçoivent les plus
belles pécheresses elles-mêmes, obligées quelquefois, avant le temps, et pour cause, de recou-
rir à *cet éclat emprunté*

> Dont *on* a soin de peindre et d'orner son visage
> Pour réparer des ans l'irréparable outrage.

Et après? Cela peut répondre à la question
de savoir si l'impression produite sur nous par
la vue de ces malheureuses femmes vient d'une

illusion ou de la réalité. N'y a-t-il rien de plus ?

« — Peut-être, mais je ne veux me prononcer pour le reste qu'avec timidité. La médecine morale a déjà rendu de grands services à l'administration des maisons de force et de détention. Celle-ci ne pourrait-elle pas lui en rendre à son tour ? Je voudrais qu'il fût permis aux savants, aux phrénologues et autres de faire leurs expériences sur les condamnés, de les faire sur la plus grande échelle, de consulter leurs dossiers, de connaître leurs antécédents, de rechercher les diverses influences qui ont agi sur eux, qui ont combattu ou favorisé leurs instincts prédominants, bons ou mauvais. Ne pensez-vous pas que les résultats de cette espèce de statistique morale, ajoutés à ceux des expériences faites par la science, fût pour elle de quelque utilité ? La phrénologie y périrait peut-être ; mais si elle devait s'y fortifier, ne saurait-il en rien résulter de bon pour la grande question de l'éducation en général et même pour l'amélioration des détenus en particulier ? »

Notre interlocuteur se borna à poser des questions ; nous imiterons sa réserve. Cela touche à un domaine interdit au vulgaire : mais comme cela touche aussi à l'humanité, pourquoi ne nous ferions-nous pas l'interprète des vœux que nous avons entendu exprimer ! C'est surtout quand on a vu de près le supplice, que l'on se sent le plus touché de compassion pour les victimes, et que l'on éprouve le plus vivement le besoin de chercher les moyens d'adoucir leur sort et aussi d'en prémunir les autres.

[illegible]

IV

Il y a dans les *Misérables* de Victor Hugo un chapitre célèbre, moins célèbre cependant que celui de *Waterloo* si étrangement terminé; c'est le chapitre qui porte pour titre : *Une tempête sous un crâne.* Le poëte — car Victor Hugo n'est pas moins poëte en prose qu'en vers, et n'abonde pas moins en images colorées et même en métaphores excessives dans ses romans que dans ses odes — nous décrit ce qui se passe dans l'âme de son héros. Jean Valjean est un ancien forçat, comme on sait. Devenu maire d'une petite ville industrielle, qu'il a enrichie en s'enrichissant lui-même à force d'activité et d'habileté, et jouissant d'une grande considération due à l'honorable usage qu'il fait de sa fortune, il reçoit tout à coup une nouvelle qui peut renverser tout l'édifice de cette considération et de cette fortune si péniblement élevée. Il apprend qu'un malheureux accusé de vol avec escalade, est pris faussement pour le forçat Jean Valjean, et menacé par cela même d'être condamné aux galères à perpétuité, si le vrai Jean Valjean ne vient pas dissiper l'erreur et rendre à l'accusé son identité. Va-t-il se dénoncer à la justice ou laissera-t il condamner son Sosie? Ira-t-il s'exposer, pour un scrupule de conscience, à retomber dans l'abîme d'où il est sorti avec tant de soucis et d'efforts, ou y laissera-t-il choir celui que la fatalité semble avoir condamné d'avance à cette destinée? C'est cette question qui se débat dans l'âme de l'ancien forçat, parvenu si haut aujourd'hui, que le romancier nous montre se dressant devant sa conscience, et y soulevant une violente tempête sous le souffle contraire des bonnes et des mauvaises passions.

Oui, et Victor Hugo a raison : il n'existe rien de plus terrifiant que cette contemplation, que ce regard jeté dans les profondeurs d'une con-

science livrée à toutes les alternatives de la lutte entre le bien et le mal, bouleversée par tous les vents de l'abîme. Oui, il faut dire avec lui :
« L'œil de l'esprit ne peut trouver nulle part
« plus d'éblouissements ni plus de ténèbres
« que dans l'homme; il ne peut se fixer sur
« aucune chose qui soit plus redoutable, plus
« compliquée, plus mystérieuse et plus infinie.
« Il y a un spectacle plus grand que la mer,
« c'est le ciel; il y a un spectacle plus grand
« que le ciel, c'est l'intérieur de l'âme. » Et l'un des moments les plus intéressants de ce spectacle, c'est celui où l'homme, placé entre les deux routes comme Hercule, délibère, se consulte, et entre résolûment dans la route du bien, quoi qu'il en coûte. Je ne sais pourtant s'il n'y aurait pas quelque chose de mieux, un spectacle supérieur encore, plus fécond en péripéties diverses, peut-être même plus palpitant d'intérêt : celui de l'homme tombé dans l'abîme, soit par une perversité profonde ou une défaillance de nature et luttant pour s'en retirer, se débattant dans le flot qui l'a submergé, tantôt vaincu, tantôt victorieux, comme l'Ulysse d'Homère sur la grève où il allait rencontrer Nausicaa, et quelquefois aussi se laissant aller

à la dérive, les bras croisés sur la poitrine, comme une victime inerte, ou le poing tendu vers le ciel, menaçant le Dieu qui l'a puni, et grinçant des dents contre la main de justice qui l'a frappé. Seulement ce spectacle curieux, et qui assurément serait digne de tenter les plus habiles, il n'est pas donné à tout le monde de le peindre : il faudrait la palette et la main du maître; c'est assez dire que nous ne l'essaierons pas.

Plus on y réfléchit, en effet, plus on sent quelle touche habile et ferme serait nécessaire pour rendre sensible l'effort de l'âme dans la situation que nous venons d'indiquer. Tout le monde, plus ou moins, a été dans l'alternative de l'Hercule de Prodicus ou même du Jean Val-jean de Victor Hugo — à quelque chose près pourtant, et Dieu merci! — Tout le monde a senti la sueur qui accompagne ce moment cri-tique, plus ou moins grave et solennel, où l'âme indécise et flottante entre le bien et le mal, su-bit les assauts divers de la passion qui attire et de la raison qui retient. Mais il en est bien peu qui aient traversé l'épreuve à laquelle elle est soumise par le remords et le repentir du crime, par la haine et le désir de la vengeance contre

la société et ses ministres, par le va-et-vient
des bonnes et des mauvaises pensées, des bonnes
et des mauvaises résolutions, par l'alternative
de la résignation et de la révolte. Tout ce flux
et reflux de l'âme soulevée dans ses profondeurs
et retombant sur elle-même pour se soulever
encore et encore retomber comme un océan,
jusqu'au moment suprême où l'une des deux
forces ennemies qui la sollicitent a pris définiti-
vement le dessus, ce travail mystérieux de la
réhabilitation morale tenté ou accompli, est le
privilége des êtres déchus, — triste privilége, —
et ce n'est que par un effort d'imagination et
une sorte de divination que nous parvenons à
le saisir, nous autres à qui la nature, l'éducation, la fortune ont fait une destinée meilleure.
Cela ne suffirait-il pas pour décourager celui
qui aurait la tentation de pénétrer dans cette
mine ténébreuse et d'en éclairer pour les autres
les obscurs dédales?

La difficulté — je parle de la difficulté de
donner un pendant au tableau des *Misérables*
— s'accroît encore, si, au lieu d'un héros, vous
avez une héroïne, si c'est le cœur d'une femme
qu'il faut dévoiler, si c'est dans les mille replis
de cette âme délicate et si faible dont la fai-

blesse native est multipliée par l'effet des circonstances extérieures de condition, de milieu,
d'éducation, de préjugés, et dont la délicatesse
originelle est émoussée, pour ne pas dire dé-
truite, par l'atmosphère où elle a vécu d'abord
et même où elle est aujourd'hui, que vous pré-
tendez pénétrer et fouiller, où vous voulez
plonger les regards et répandre la lumière.

Voyez bien, je vous prie, de quoi il s'agit.
Voici une pauvre créature méprisable et haïs-
sable, si l'on considère le crime, digne de commisération et de pitié, si vous ne voyez que la
peine — elle a volé ou assassiné ; elle s'est jetée
dans le vice ou y a attiré les autres ; elle est
corrompue ou elle a été corruptrice ; elle s'est
couverte d'une de ces souillures qui inspirent
l'aversion ou le dégoût ; elle a soulevé contre
elle la vindicte sociale ; et aujourd'hui, après
avoir été à la honte, elle est à la peine. Mais
cette peine, elle n'est pas seulement un châtiment, elle peut être, elle doit être une réhabilitation ; la société même veut moins se venger
de l'être qui l'a offensée, que l'amener à résipiscence, et, comme elle sait que c'est en elle-
même que la nature humaine trouve le ressort
qui la fait rebondir aussi bien que le vent de

tempête qui l'abat, elle s'y prend de façon à la livrer à elle-même, à la ramener en soi, pour qu'elle se consulte et se retrouve, à moins qu'elle ne préfère retomber et se perdre à jamais. Or, qui dira ce qui se passe dans cette malheureuse âme ainsi placée en face d'elle-même? Il ne nous paraît pas possible qu'elle ne fasse pas quelque effort pour se relever de sa chute. Non, la fleur courbée par l'orage, ou même jetée par terre, fût-elle couverte de fange, ne se résignera pas à ramper toujours; elle ne renoncera pas à jamais à la lumière; elle essaiera de lever la tête; elle la tournera vers le soleil; elle voudra se redresser et ressaisir le souffle de l'espérance et de la vie. Quelle est donc, dans cet effort nécessaire pour revenir au bien, la part des sentiments et de la raison? Quelle est la nature et la puissance des forces morales qui le sollicitent et le soutiennent? Est-ce l'instinct de la conservation et l'amour du bien-être? Est-ce l'instinct de la conscience ou l'amour de la société? Est-ce l'amour de la liberté ou les sentiments de la famille? Est-ce le sentiment religieux ou celui de la dignité morale? Qui est-ce qui aide et travaille au repentir, au regret, et donne la force de faire ce qu'il faut pour sortir de l'enfer qu'on s'est fait, et pour faire oublier à la société qu'on y a été précipité? Et si tous ces mobiles agissent en même temps, quel est celui qui joue le rôle principal et a la part d'action décisive?

L'âme humaine a été coulée à peu près dans le même moule ou plus exactement faite sur le même modèle : cela est un fait aussi vrai pour la science que pour la Bible. Il n'en est pas moins certain que les copies de la même image ne se ressemblent pas absolument, que certains traits, fortement accusés chez les uns, ne sont qu'ébauchés dans les autres; et de là — pour rester dans notre sujet — deux conséquences : la première, que les résurrections, non plus que les chutes, ne sont pas dues aux mêmes causes; la seconde, que quiconque veut assister au réveil de tant d'âmes diverses, quoique semblables, et dont les dissemblances originelles se sont encore accrues peut-être par la différence des conditions et des circonstances, doit tenir compte de détails infinis, très-difficiles à démê-ler, et aussi à peindre.

Arrêtons-nous seulement au premier de ces deux point de vue. Prenons, dans cet asile de réprouvées que nous visitons, deux créatures parmi celles qui ont commis le plus grand des attentats, celui qui porte sur la vie humaine, et demandons-nous ce que sera cet effort de l'âme, que je voudrais appeler l'effort de la résurrection, chez l'une et chez l'autre.

Nous voici en présence d'une jeune fille condamnée pour infanticide. C'était une bonne créature, simple et crédule, une fille des champs peut-être, tout près de la nature, se jouant encore sur son sein comme les enfants des races primitives telles qu'on nous peignait naguère les femmes de l'Océanie, une sorte de Chloé égarée comme tant d'autres dans notre civilisation si mêlée. Elle était tout entière occupée des soins domestiques, travaillant toute la semaine, n'ayant d'autres plaisirs que de se parer le dimanche de quelques atours modestes achetés à grand'peine et d'aller se promener aux environs du village et parfois dans les villages voisins avec ses compagnes aussi simples, aussi primitives qu'elle-même, n'éprouvant pas d'autres besoins, et tournant sans cesse dans le même cercle d'impressions et de sensations vulgaires. Tout à coup la nature lui fait sentir des besoins nouveaux, des sensations nouvelles. Peu à peu ses premiers plaisirs lui deviennent insipides ;

elle aspire à en renconter d'autres et ses aspirations se concentrent peut-être sur quelque Daphnis du voisinage, aussi simple et aussi naïf qu'elle, peut-être aussi sur un Don Juan de village, qui, après l'avoir séduite, l'abandonne. Que fera la malheureuse dans ce dernier cas? Tout est obscurité autour d'elle; aucune perspective, aucune consolation, car celui-là l'a délaissée dans lequel elle se sentait vivre. Elle sait quel anathème pèse, dans le milieu où elle vit, sur la fille qui s'est oubliée. Aveuglée, accablée de l'excessive peine de son cœur, écrasée par la seule perspective de honte et d'infamie qui s'ouvre devant elle, elle espère tout empêcher en dissimulant le fruit de sa faute; et possédée, obsédée de cette idée, elle se précipite dans le crime pour éviter l'infamie.

Voici une autre criminelle, la Frigart, par exemple. Celle-ci n'est pas une fille des champs, il s'en faut, encore moins une enfant de la nature; elle appartient à une civilisation avancée, raffinée même. Son père était un médecin honorable et distingué; elle avait été élevée comme on l'est dans les classes libérales de notre pays, c'est-à-dire presque aussi bien qu'on peut l'être. Elle était épouse et mère, bonne épouse même, dit-on, et aussi bonne mère. Elle était incontestablement intelligente, un peu même au-dessus de la moyenne. Mais elle a fait de mauvaises affaires; elle voudrait retenir ou reconquérir une position ou une fortune qui lui échappe; elle en cherche les moyens, et croit les avoir trouvés dans l'exploitation, s'il est permis d'user de ce mot, d'une femme jeune, belle et frivole que le hasard a jetée sur son chemin. A-t-elle eu d'abord la pensée de l'assassinat? Cela n'est pas probable : il y a bien des degrés à franchir avant d'en arriver là; l'âme ne se jette pas du premier bond dans les extrêmes. Mais, comme les principes moraux et religieux ont disparu, qu'il ne reste plus chez la malheureuse que l'égoïsme et le sens propre, que la passion qui s'est emparée d'elle, voile peu à peu son intelligence, ne lui montrant que les chances favorables de ses actes et masquant les autres, elle va des complaisances honteuses de la proxénète aux turpitudes de la courtisane, puis au vol, puis à l'assassinat, à l'homicide le plus prémédité, le plus caractérisé, franchissant avec la rapidité propre à l'être faible tous les degrés du crime, dans un étroit intervalle.

Est-ce que le travail de la régénération morale se fera de la même manière chez des malheureuses de nature et de condition si différentes? Est-ce que la vie, la société et la destinée leur apparaîtront à toutes deux sous le même angle?

D'abord, il est probable que l'âme de la jeune fille est restée ouverte au sentiment religieux, aux souvenirs de la vie libre et simple, que sa pensée se reporte souvent vers l'église de son village, vers les compagnes de son enfance, vers toutes les images pures et fraîches de sa vie des champs, qu'elle entend dans ses rêves le chant du pâtre, les mugissements des troupeaux, les murmures du ruisseau connu, témoin de ses jeux et de ses travaux, les sifflements du vent au fond de la vallée ou dans les arbres de la montagne. C'est sous l'influence de ces souvenirs et de ces images que le repentir, déjà né peut-être le lendemain du crime, se développera dans son âme. Elle voudra se rendre digne de reprendre sa place dans l'église rustique où elle a été baptisée, au foyer paternel, si misérable qu'il soit, et de parcourir encore les lieux dont tous les objets sont si présents à sa mémoire. « Pourquoi cette opinion « publique, que j'ai tant redoutée, à laquelle j'ai

« sacrifié en immolant mon enfant, ne tiendra-
« t-elle pas compte de mes efforts pour rentrer
« dans le bien et n'oubliera-t-elle pas la faute
« en faveur du repentir comme la religion elle-
« même ? Travaillons donc à nous mettre en
« état de l'affronter (non pas à la braver), en
« montrant ici des qualités morales qu'elle ap-
« précie et qui soient pour cette société qui m'a
« repoussée, des garanties d'ordre et de sécu-
« rité. »

Ainsi c'est encore la pensée de l'opinion de
ses semblables, principe de sa chute, épurée
cette fois et fortifiée par le sentiment religieux,
qui sera le point de départ de son retour au
bien, et qui, avec l'espérance qu'on ne lui a
pas fermée, soutiendra l'infortunée dans son
effort pour se relever et reprendre sa place au
soleil.

Tout autre assurément est le travail intérieur dont l'âme de l'homicide volontaire et prémédité nous donne le spectacle. La vie ne semble avoir apparu à la Frigart que comme un
champ de course où le prix appartient aux habiles, où une loi seule existe, celle de trouver
le moyen d'être adroit sans péril, et où le prix
de cette adresse est uniquement le bien-être

pour soi et pour les siens. Si un sentiment légitime et pur est resté dans cette âme dévastée et corrompue, c'est seulement celui de la maternité. Religion, honneur, dignité morale, amour des plaisirs purs de la vie sociale, tout s'est évanoui, ou n'y apparaît que comme des ombres vaines. Sur qui s'appuiera-t-elle donc pour sortir de cet enfer, où la loi n'a pas voulu mettre l'inscription fatale qui se trouve à l'entrée de celui du Dante, et dont elle peut voir les portes s'ouvrir pour elle quelque jour, malgré l'arrêt qui l'y a jetée à perpétuité? Elle se dira, si le désespoir ne s'empare pas d'elle, — hypothèse qu'il faut toujours sous-entendre, — qu'une conduite exemplaire et un travail consciencieux et intelligent peut l'élever peu à peu au-dessus des autres, appeler sur elle l'attention des supérieurs, la faire distinguer d'une manière spéciale, éveiller la commisération et même la sympathie, lui assurer dans la maison une position meilleure et plus douce et enfin la rendre à la société et à sa famille, en levant l'arrêt qui l'a frappée, dans un temps qui peut être relativement prochain. Qui sait si pour hâter ce moment elle ne feindra pas même des sentiments qu'elle n'a pas, ce qui paraît d'un effet d'autant plus certain qu'ils contrasteraient davantage avec l'auréole sanglante qui l'entoure?

Mais je dois m'arrêter. Le souvenir des **Misérables** de Victor Hugo m'a entraîné bien loin d'Auberive. Il faut y rentrer, ne fût-ce que pour voir comment notre législation s'y est prise pour aider à cet effort de l'âme qui cherche à se réhabiliter à ses propres yeux et à ceux de la société qui l'a rejetée de son sein.

V

Le progrès n'est pas comme ces chevaux du
Dieu dont parle Homère, qui en trois bonds
parcouraient le monde. Il rappelle bien plus
dans sa marche le quadrupède pacifique du
Chevalier de la triste figure ou celui du bon roi
d'Yvetot. Rien de plus paisible, de plus endor-
mant même que son allure : c'est la patache
des anciens jours avec son attelage de tortues.
Il y a cependant des époques, rares et privilé-
giées, où, comme s'il prenait le mors aux dents,
il franchit en quelques heures d'immenses es-
paces. C'est ce que nos pères ont vu en 1789.
Il est vrai qu'il y eut alors comme une révo-

lution de la nature, comme une chaleur mystérieuse et toute nouvelle qui anima et féconda
tout. La sève monta dans l'arbre avec une vigueur et une abondance extraordinaires, à ce
point que les rameaux les plus stériles et les
bois morts eux-mêmes s'en ressentirent. Si
cela n'était pas depuis longtemps un fait acquis,
il suffirait pour s'en convaincre de jeter un
coup d'œil, si rapide qu'il fût, sur l'état des
détenus de nos prisons avant 1789 et ce qu'il
est aujourd'hui, sur notre législation pénale
avant et depuis la Révolution.

A vrai dire, avant l'organisation du régime
de nos établissements pénitentiaires, qui est
due à l'Assemblée Constituante, et qui reposait
plus ou moins sur le principe de l'amélioration
morale des détenus, ce principe n'existait pas
dans les institutions. Améliorer ! Allons donc !
il ne s'agissait que de punir, et le plus cruelle-
ment possible encore ! L'emprisonnement du
reste n'était pas une peine, c'était tout simplement une mesure préventive contre les accusés
et un moyen de s'assurer de la personne du
condamné jusqu'à l'exécution de la peine. Nous
oublions trop tout cela ; c'est une raison pour
le rappeler. Il est bon de connaître la barbarie

des vieux âges. Cela nous permet de mesurer la distance qui nous en sépare et aussi la puissance de l'esprit qui anima nos pères, de ce sentiment humain ou plutôt chrétien, profondément chrétien, qu'ils firent entrer dans nos institutions, et qui y est resté, en s'y fortifiant, malgré quelques défaillances passagères.

L'imagination s'effraye encore à l'idée de tout ce qu'avait inventé en fait de pénalité et de tortures la législation des temps antérieurs à la Révolution, et surtout de la facilité avec laquelle la peine de mort y est prodiguée. Il va sans dire que le crime de conspiration contre l'État y était le premier frappé; *ab Jove principium*; il faut d'abord sauvegarder Jupiter. D'accord, et nous nous inclinons. A quoi bon toutefois le luxe et le raffinement de tortures qui ajoutaient au supplice jugé nécessaire par cet intérêt suprême? Pourquoi, par exemple, arracher préalablement au patient, qui était d'ordinaire un fanatique, c'est-à-dire un fou, pourquoi lui arracher, avec des tenailles rougies par le feu, des lambeaux de chair aux mamelles, aux bras, aux cuisses et aux jambes? Mais passons, et donnons quelques-uns des autres cas auxquels la peine de mort était appliquée. Il y avait le rapt, les exactions pécuniaires commises par les greffiers, la rébellion à la justice même sans homicide, tout cela se lit dans l'ordonnance de Blois, articles 42, 60 et 190; puis la banqueroute frauduleuse (1); le faux commis par des officiers publics (2); le faux témoignage en matière grave (3); le péculat (4); le vol avec effraction dans les maisons ou sur la voie publique, même sans port d'armes (5); la contrebande avec attroupement de cinq personnes au plus (6); l'usage de faux poinçons en matière d'orfévrerie (7); le vol domestique le plus modique (8); les profanations sacriléges (9); le duel, même sans être suivi de blessures (10); et bien d'autres, qu'il serait trop long d'énumérer. On n'y allait pas de main-morte, comme on voit, et le reste était à l'avenant. Il n'y a rien d'impitoyable comme

(1) Ordonnance d'Orléans, art. 143.
(2) Edit de 1680.
(3) Ordonnance de 1531.
(4) Ordonnance de 1545.
(5) Ordonnance du 15 janvier 1534.
(6) Déclaration du 2 août 1729.
(7) Déclaration du 24 janvier 1724.
(8) Déclaration du 30 mars 1724.
(9) Édit de juillet 1682.
(10) Édit de 1679, art. 13.

la logique du bourreau et de ceux qui l'entretiennent.

Dans un tel système, où les crimes les plus
divers étaient placés sur le même niveau, quelle
place pouvait-on faire au repentir, à l'amendement, à la réhabilitation ? Aucune ; un homme,
une fois tombé dans la géhenne, cessait d'être
homme ; il ne le redevenait que par intervalles,
devant le prêtre dans le confessionnal ; partout
ailleurs, ce n'était plus qu'une bête féroce, qui
méritait d'être fustigée perpétuellement ; et
parce qu'elle avait une fois mordu, le fouet, la
mutilation, toutes sortes de grandes et de petites tortures, tel était son lot. L'homme n'était
pas seulement retranché de la société, il l'était
encore de l'humanité.

C'est cet affreux système que la Révolution
devait enfin renverser. Voltaire avait dit, à
l'occasion d'une de ses plus tristes applications :
« Il faut que chez certains peuples le plaisir de
« tuer son prochain en cérémonie, comme dit
« Boileau, et de lui faire subir des tourments
« épouvantables soit un amusement bien agréa-
« ble. Ces peuples habitent le quarante-neu-
« vième degré de latitude ; c'est précisément la
« position des Iroquois. Il faut espérer qu'on

5

« les civilisera un jour. Il y a toujours dans
« cette nation deux ou trois mille personnes
« très-aimables, d'un goût délicat et de très-
« bonne compagnie qui à la fin poliront les
« autres. » — Le jour prévu et annoncé par
Voltaire était enfin arrivé. Les Iroquois, sous
l'influence de ces deux ou trois mille personnes
très-aimables, dont sans doute le patriarche
avait contribué même à augmenter le nombre,
avaient jeté leurs flèches empoisonnées, et l'esprit de vengeance, qui avait jusqu'alors régné
dans les prisons, fut remplacé par l'esprit de
mansuétude et de charité. La justice fut purgée
de la colère : elle ne frappa qu'en gémissant,
et, toutes les fois qu'elle le put, elle essaya de
faire du châtiment une sorte de tribunal de pénitence, une piscine sainte et réparatrice.

La Constituante avait deux choses à faire : à
adoucir la peine et à la rendre féconde pour le
bien. L'une et l'autre de ces deux choses fut
accomplie, ou du moins les grands principes
furent posés, principes dont le temps devait
quelquefois arrêter, mais le plus souvent dé-
velopper les conséquences.

D'abord elle limite la peine de mort; et là où
elle la maintient, si elle ne lui ôte de son hor-

-reur, elle la diminue par le décret du 21 janvier 1790 qui érige la guillotine. Elle pose le problème de son abolition par une motion de Duport. Elle entoure de toutes sortes de garanties la vie des citoyens, exposée naguère à tous les caprices et à toutes les erreurs de l'arbitraire, par l'institution du jury et la publicité des débats. Elle abolit la *marque* : le code pénal de 1810, fait souvent dans un esprit de réaction, la rétablit et prodigue même la peine de mort avec une libéralité qui rappelait parfois l'ancien régime. Mais ce ne fut qu'un vent qui passa. L'humanité rentra dans nos codes. La loi du 28 avril 1832 fut un progrès immense. La *marque*, la *mutilation du poing*, le *carcan* disparaissent. Si la peine de mort est maintenue en matière ordinaire et en matière politique, elle est abolie dans neuf cas, qui sont : 1° les complots non suivis d'attentat; 2° la fabrication ou émission de fausse monnaie; 3° la contrefaçon ou l'usage des sceaux de l'État, effets du Trésor public ou billets de banque; 4° plusieurs cas d'incendie; 5° le meurtre joint à un délit, quand la relation de cause à effet n'existe point entre les deux faits; 6° le vol avec les cinq circonstances aggravantes; 7° le recel d'objets volés quand le vol est puni de mort ; 8° l'arrestation exécutée avec faux costume, sous un faux nom, ou sous un faux ordre de l'autorité publique ; 9° l'arrestation illégale avec menace de mort. — On pourrait suivre le mouvement jusqu'à nos jours ; il a continué et semble même vouloir aller jusqu'à la limite extrême, qui est l'abolition de la peine de mort.

La Révolution n'a pas moins changé la condition du condamné que celle du criminel. On ne saurait trop admirer l'Assemblée Constituante, sa sagesse et sa profondeur d'esprit dans les questions d'organisation et de réforme sociale, et avec quelle merveilleuse simplicité elle agit. Dans la réforme à laquelle nous touchons, elle se borne à poser quelques principes : elle établit la gradation et la mesure des peines soit dans l'intensité, soit dans la durée, et par suite la distinction entre les catégories de condamnés ; elle substitue la pénalité de l'emprisonnement à divers degrés au fouet, à la mutilation et aux autres tortures, ce qui était introduire dans le droit criminel comme conséquence naturelle l'amendement des détenus, et enfin elle prescrit l'obligation du travail dans les maisons de correction. Elle jette ainsi les bases de notre système, de tout bon système pénal et pénitentiaire, et nous prépare un monde tout nouveau, bien différent de celui dont le spectacle attristait et révoltait nos pères et dont le souvenir nous trouble encore aujourd'hui.

Mais c'est ici qu'apparaît cette triste vérité que je rappelais en commençant, à savoir que le progrès se fait lentement et à grand'peine. Vous venez de voir répandre la semence : vous allez voir maintenant combien il lui faut de temps pour pousser et porter quelques fruits! A partir de 1791, nous ne voyons que ténèbres et indécisions. Il semble que l'on est encore sous le poids de l'âge de fer : on hésite, on tâtonne, on trébuche. On ne méconnaît pas trop les principes, mais on en oublie l'esprit dans l'application; quelquefois même l'amour des principes jette dans une exagération qui nuit au bien que l'on veut faire. On reste en deçà ou l'on va au delà. Le bien ne se fait pas ou se fait mal. Le but disparaît ou n'est qu'imparfaitement aperçu.

Prenons d'abord le premier Empire. Quel temps fut plus actif, même dans l'administration civile ! Il fait le Code pénal, entre autres, et y donne une grande place à l'organisation des prisons. Quel triste spectacle cependant celles-ci nous offrent! Le coucher, l'habille-ment, la discipline, l'état sanitaire, l'instruction morale et religieuse, le travail même, sous l'Em-pire, offrent des *desiderata* déplorables. Le cou-cher, pour toutes les classes des détenus, se composait d'une botte de paille renouvelée trois ou quatre fois par mois ou d'une paillasse gar-nie une fois par trimestre. Les vêtements et les couvertures étaient laissés aux soins des auto-rités locales, qui ne s'en occupaient qu'à leurs heures. Les maisons étaient trop étroites. Les catégories les plus diverses de condamnés étaient confondues pêle-mêle dans les mêmes maisons et les mêmes quartiers. L'instruction morale et religieuse était nulle. Le travail lui-même, qui avait pour but, dans la pensée des premiers législateurs, de moraliser et de réfor-mer, n'existait que dans un intérêt fiscal et pour rendre moins lourde la dépense des pri-sons. Cela est écrit en toutes lettres dans les documents officiels publiés par le ministre de l'intérieur. Mais aussi, quand on épargnait si peu le sang humain sur les champs de bataille, pour tant de guerres inutiles, comment aurait-on eu quelque souci de pauvres diables qui s'étaient laissé conduire à mal, et qui ne constituaient pas précisément l'élite de l'humanité?

La paix amène d'autres idées, et l'on respecte mieux les principes. La condition du détenu est considérablement améliorée, malgré quelques lacunes qui restent encore, particulièrement dans le coucher. L'ordonnance du 2 avril 1815 établit des quartiers distincts et séparés pour les diverses catégories de condamnés. On agrandit les établissements existants et l'on en crée de nouveaux; ce qui a immédiatement pour résultat de diminuer de moitié la mortalité. Les détenus ont une cantine où ils peuvent se donner quelques petites jouissances, avec le fruit de leur travail. Malheureusement le côté moral est oublié, et c'est trop souvent au détriment de l'amendement des condamnés que leur condition matérielle s'est améliorée. La cantine est une source d'abus; on y dissipe en un jour la portion hebdomadaire de son pécule. On ne corrige pas du tout et l'on ne punit pas assez. Les philanthropes eux-mêmes se plaignent. La *Société royale des prisons*, qui, depuis 1819, étudiait les moyens d'adoucir le sort des prisonniers, appréciait, dans ces termes, l'état moral des *Maisons centrales*, dans son rapport du 15 avril 1830 :

« Le grand nombre de récidives est affligeant.
« Il s'est élevé de 2 sur 10 et 1 sur 3, même « parmi les détenus correctionnels.

« On voit, par ce nombre, que la nature de « la peine encourue donne rarement la mesure « de la dépravation d'un condamné. Aussi est-il « reconnu aujourd'hui que d'autres classifica-« tions que celles prescrites par nos codes sont « nécessaires dans les maisons centrales. Ne « nous le dissimulons point ; nos maisons pour « peines ne sont pas un objet d'effroi ; elles pu-« nissent sans corriger, et la question de la « régénération du prisonnier est encore à ré-« soudre parmi nous.

« Les nombreux essais tentés jusqu'à pré-« sent ont été peu fructueux. C'est aujourd'hui « vers ce but que doivent tendre nos efforts.
« L'humanité réclamait d'abord ses droits. Le « régime matériel des maisons centrales a reçu « les améliorations qu'il était possible d'y intro-« duire, et on ne pourrait aller plus loin sous « ce rapport sans blesser la morale publique. »

On se plaignait encore du mal quelques an-nées après. Il était évident que les maisons centrales avaient cessé d'être intimidantes, et l'on constata plus d'une fois que les criminels sortis de leurs murs y rentraient bientôt sans peine et même avec plaisir. Était-ce pourtant qu'on s'était réellement jeté d'un extrême dans l'autre? Le bien-être était-il excessif à ce point, dans les prisons, qu'elles fussent devenues de petites Capoues? Non, assurément : ce qui était vrai seulement, c'est que les améliorations de l'ordre supérieur ne s'étaient pas développées parallèlement au bien-être matériel et que le régime intérieur des établissements pénitentiaires n'avait pas ce caractère moral et répressif qui est la condition même de toute régénération comme de toute éducation. Leur restituer ce caractère, telle fut la tâche du gouvernement de Juillet, continuée par le gouvernement actuel.

Nous allons rappeler en quelques mots le système qui subsiste aujourd'hui et que nous voyons si bien fonctionner à Auberive. Nous verrons ce qu'il fait pour seconder l'effort que l'âme du coupable est appelée à faire sur elle-même, puis ce qui peut lui manquer pour cela, et peut-être aussi ce qu'il faudrait faire pour le rendre de plus en plus inutile.

VI

Nous avons parlé des lenteurs du progrès : mais nous ne l'avons pas nié, c'eût été nier l'évidence même, au moins dans l'ordre d'idées et de faits où nous nous sommes placés. Qu'on jette, en effet, un coup d'œil sur le passé et sur le présent, pour les rapprocher : le contraste est suffisamment éloquent et démonstratif. Avant la grande réforme sociale de 89, le meilleur moyen d'apprendre à vivre aux gens c'était, croyait-on, de les tuer ; les voleurs et les meurtriers étaient tous indistinctement des bêtes enragées contre lesquelles il n'y avait nul remède en ce monde, si ce n'est l'extermination ;

les moindres coupables même étaient estimés
atteints d'un mal incurable, et, si on leur faisait
grâce de la vie, il fallait au moins la leur rendre
le plus dure possible. Aujourd'hui, Dieu merci,
tout cela est un peu changé ! On incline en général à penser que le bourreau est un prédica-
teur de morale assez brutal qui ne convertit
guère ceux auxquels il s'adresse ; qu'il peut y
avoir du vrai dans le mot fameux du Langrois
Diderot : *Le méchant est un malade ;* qu'il y a
chance de guérison pour plus d'un de ces ma-
lades-là, qu'il faut au moins essayer et courir
la chance. Et le progrès n'est pas seulement
dans les idées, il est dans les faits ; malgré la
dureté des temps et des régimes, nous avons
vu l'idée d'humanité entrer dans les institutions
et les renouveler, parfois même s'exagérer et
manquer le but en voulant le dépasser.

C'est surtout après la Révolution de 1830 que
le progrès est devenu sensible. Des erreurs
parties d'un bon sentiment, mais qui n'en
étaient pas moins graves, avaient été commises. Nous voyons alors se former, à la lumière de l'expérience et sous l'empire d'influences et de circonstances particulières, se
corriger, s'élever peu à peu un système où les

droits de l'humanité ont fini par se concilier avec ceux de la société, système harmonique et fécond, dont nous pouvons suivre la pensée fondamentale dans une série d'actes législatifs ou administratifs, à partir de 1839 jusqu'à nos jours.

Il s'agissait, avant tout, de travailler à la régénération morale, de rendre la peine utile pour l'individu qui l'avait encourue, et pour la société où il était appelé à rentrer. C'est à quoi avisa le règlement disciplinaire du 10 mai 1839, véritable charte des prisons, et qui, par cette raison mérite une mention spéciale. M. Dupuy, directeur de l'Administration des prisons et établissements pénitentiaires, disait, dans un rapport adressé au ministre de l'intérieur, en 1865, en parlant du règlement de 1839 : « Ce règlement « a prescrit le silence absolu, prohibé la possession de l'argent, l'usage du tabac, du vin, « des spiritueux et de toute boisson fermentée, « et imposé les tâches de travail, réglé la nature des adoucissements que les détenus « peuvent se procurer au moyen de l'argent « déposé en leur nom ou des ressources de leur « pécule.

« La défense de posséder de l'argent fit cesser

« les jeux, les trafics, les vols, les prêts usu-
« raires.

« La réforme de la cantine mit un terme à
« des orgies scandaleuses qui étaient une in-
« sulte à la justice.

« La suppression du tabac, depuis longtemps
« pratiquée dans les prisons d'Angleterre et
« d'Amérique, fut un bienfait pour un grand
« nombre de détenus qui vendaient leurs vivres
« pour satisfaire une passion devenue plus im-
« périeuse que toutes les autres.

« La prescription d'une tâche de travail,
« proportionnée aux forces et à l'habileté de
« chacun d'eux, poursuivit l'oisiveté sous toutes
« ses formes. »

On ne saurait mieux dire, et c'est marquer
avec la précision de l'administrateur éclairé les
effets de la discipline nouvelle. Il y aurait quelque chose encore à ajouter peut-être ; c'est que
la règle du silence, avec toutes les autres prescriptions que nous venons de voir, a de plus
cet immense avantage de placer sans cesse le
condamné en face de lui-même ; de le forcer à se
replier sur sa conscience, à écouter sa voix ; et
qui peut douter que ce retour nécessaire, inces-
sant de la pensée sur elle-même ne soit pas

d'un effet salutaire ? Les sages de l'antiquité et du christianisme ne l'ignoraient pas ; l'âme pure de toute souillure trouve dans la méditation, dans le silence, qui en est la condition essentielle, des forces nouvelles pour persévérer dans le bien et y progresser. Pourquoi l'âme souillée échapperait-elle à la même loi ? Les âmes ont des forces inégales, mais non dissemblables ; elles ne peuvent pas toutes s'élever du même vol, mais elles peuvent toutes voler ; le point c'est qu'elles aient des ailes ; et il ne semble pas que les ailes, quand on les a perdues, repoussent mieux nulle part que dans cette pure et tranquille région de la méditation solitaire.

"Le règlement de 1839 a établi des dispositions non moins sages, et qui, combinées avec d'autres dispositions ultérieures, comme l'instruction du 28 mars 1844, l'arrêté du 8 juin 1842, la circulaire du 24 avril 1840, le règlement spécial du 22 mai 1841, du 4 septembre 1844, etc., etc., ou fortifiées par elles, ont formé autour des condamnés comme une atmosphère morale qui doit les pénétrer à la longue et les vivifier, si quelque chose d'humain reste encore dans leurs poitrines.

Il y a d'abord un système de punitions merveilleusement graduées qui marque à tout instant le rapport nécessaire de la faute et de la sanction, qui sont : la mise en cellule, avec ou sans travail, la mise aux fers en cas de fureur ou de violences graves; l'interdiction de la promenade; la privation de toute dépense à la cantine ; la privation de correspondance ; la mise au pain et à l'eau; des retenues pécuniaires, qui atteignent principalement le refus du travail ou le défaut d'accomplissement des tâches imposées; la réduction d'un ou deux dixièmes sur les salaires des détenus signalés pour indolence ou mauvaise conduite (1); les retenues ou amendes que paie, sur son pécule, tout condamné puni de la cellule solitaire ou du cachot, pour le prix de sa dépense personnelle pendant toute la durée de sa punition. Il y a, en outre, l'institution des *Prétoires de justice disciplinaire*, institution d'une haute importance par la solennité qu'elle introduit dans l'infliction des peines, par l'espèce de publicité qui l'accompagne, et le gage d'impartialité qu'elle est pour les accusés.

(1) Ce dernier mode de punition ne date que de 1854.

Il faut noter ensuite, dans un autre ordre d'idées, la séparation des condamnés de différents cultes, l'obligation d'assister aux exercices du culte auquel on a déclaré appartenir, la présence d'un aumônier spécial qui est toujours à la disposition des détenus, l'installation d'une école pour les détenus mineurs et les adultes que leur âge rend aptes à profiter des leçons et qui ont mérité la faveur d'y être admis par leur conduite et leur travail, le concours des sœurs, qui remplacent les gardiens dans les maisons de femmes, l'usage des bibliothèques, la lecture en commun, enfin la séparation définitive des hommes et des femmes, non plus seulement dans des quartiers distincts de la maison, mais dans des établissements différents, éloignés les uns des autres, ce qui donna lieu, pour le dire en passant, à la création de celui d'Auberive, où furent transférées, en 1858, les femmes détenues à Clairvaux.

C'est là, à coup sûr, un ensemble de mesures marquées, dans les principaux traits, du sceau du bon sens et de l'humanité. L'âme, dans le milieu où elle est ainsi placée, est saisie par tous les côtés, et, aidée de toutes parts, elle peut émerger de l'abîme où elle a été jetée ; si elle y reste, c'est que la main de la fatalité est plus puissante que celle de la société. Le régime cellulaire seul peut-être pourrait offrir plus de garanties de moralisation; mais on est généralement d'accord à reconnaître qu'il est repoussé par les droits de l'humanité.

Je passe mille améliorations de détails, soit dans l'organisation du travail et du salaire, du service sanitaire, dans l'aménagement des lieux, et le régime alimentaire, soit dans le régime économique et financier, ou le personnel même administratif, non pas que tout cela soit étranger au point de vue dominant de la régénération morale; qu'y a-t-il, par exemple, de plus important que le caractère, la valeur du personnel à ce point de vue, tellement que je serais tenté de dire, en retournant un mot connu, tant vaut le personnel qui gouverne, tant vaut le gouverné, ou, mieux encore, le système appliqué? Je passe tout cela, dis-je, parce que j'ai besoin d'indiquer quelle impression m'a laissée le système dans l'application qu'il m'a été donné d'avoir sous les yeux, et aussi parce qu'il faut finir.

Je reviens donc à Auberive. Mais, je réfléchis : qu'en dire, qui ne rentre dans le système et qui ne pût par conséquent paraître une répétition ? De quel droit encore irais-je blesser la modestie du Directeur et de ses collaborateurs immédiats, ou plutôt de ses pieuses collaboratrices, à qui est confiée la surveillance, et qui ont une si grande part dans l'action moralisatrice ? Je n'ai point qualité pour leur faire l'octroi de mes éloges, et je le regrette. Je puis m'arrêter toutefois sur un point important, et je le fais d'autant plus volontiers qu'il n'est pas sans rapport avec la grande question de l'influence morale du système en vigueur, c'est-à-dire avec sa valeur même, et, pour tout dire, qu'il semble la mettre en doute. Il s'agit du nombre des récidivistes.

Ce nombre est considérable. Sur les trois cent quatre-vingt détenues qui peuplent la maison d'Auberive, on compte à peu près quatre-vingts récidivistes, c'est-à-dire le quart. N'est-ce pas effrayant ? Quoi ! sur cent condamnées, il y en a vingt-cinq sur lesquelles le système n'a aucune prise, qu'il touche à peine, qu'il reprend fatalement et presque immédiatement après les avoir rendues à la société ? Et chose remarquable ! ce sont les correctionnelles, particulièrement les voleuses, qui échappent à son action et qui s'en jouent. Il y a là comme une dérision de notre sagesse ; et cela est d'autant plus affligeant que dans ce milieu l'élément rural est le plus considérable, puisqu'il entre pour plus des trois quarts dans la population de la maison d'Auberive ; que cet élément, par la nature même de ses dispositions morales, semble être le plus accessible aux influences que le système prétend mettre en œuvre, l'influence morale et religieuse, étant à l'abri de la corruption que l'on prête aux villes. D'où vient cet état de choses, et ne peut-on pas y trouver un argument contre le système que l'on préconise ?

M. Dupuy, l'ancien directeur de l'Administration des prisons et des établissements pénitentiaires, a déjà relevé l'argument, dans le rapport que nous avons cité. Il s'est demandé si les récidives ne devaient pas être imputées à d'autres causes qu'à l'inefficacité de notre système répressif ; si la surveillance légale, par exemple, n'a pas pour effet de jeter fatalement les libérés en dehors de la société, de les empêcher de trouver du travail ; si le peu de durée des peines ne contribue pas aussi au mal ; si l'action de la discipline peut se faire sentir d'une manière efficace et décisive, dans un laps de temps si court, sur des natures faibles ou perverties. « Ainsi, dit-il, il importe de considérer que les attentats contre la propriété entrent pour trois cinquièmes (71 p. 100) dans le nombre des crimes qui peuplent les maisons centrales, tandis que les attentats contre les personnes n'y sont que pour 29 p. 100 ; que le développement rapide de l'industrie et de la richesse mobilière, en multipliant dans un plus grand nombre de mains la possession des biens qui tentent les convoitises coupables, a multiplié dans la même proportion, les occasions de rechute pour ceux que la loi a frappés, et dont la société admet si difficilement le retour dans son sein, après la libération. » Et il termine en disant : « Les causes les plus actives des récidives doivent donc être recherchées ailleurs que dans le régime de nos établissements, dans lequel les privations et les moyens de réforme sont combinés de telle sorte qu'il semble difficile d'aller plus loin sans rompre la mesure qui doit être gardée entre les droits de la répression et ceux de l'humanité (1)? »

(1) Ce qui appuie cette opinion, c'est, selon nous, la comparaison du nombre des récidives à deux époques différentes. Ce

Il faut applaudir à cette conclusion. Oui, le système est hors de cause : la pensée de l'Assemblée constituante est entrée dans les faits, et un immense progrès est accompli. Cela veut-il dire que tout est parfait, que l'idéal est atteint? Non assurément ; et personne ne songerait, je pense, à le prétendre. C'est notre condition de nous corriger et de nous amender sans cesse. On a dit en pensant aux ouvrages d'esprit :

> Cent fois sur le métier remettez votre ouvrage ;
> Polissez-le sans cesse et le repolissez ;

Qui ne sait qu'on en pourrait dire autant des institutions? Ici cependant le plus fort est fait ; les réformes à proposer seraient presque exclusivement accessoires et complémentaires. Il y a plus à faire pour prévenir le mal que pour le réprimer, et c'est de ce côté que doit se tourner l'attention publique comme les préoccupations de la science. Perfectionnons notre système pénitentiaire : mais luttons aussi, et sans relâche,

nombre, en 1851, n'était que de 28,548 ; il a été en moyenne de 47,600 pour 1861, 1862 et 1863. Les conditions du système étant les mêmes pour les diverses époques, n'est-il pas juste de rechercher les causes de la différence non pas au dedans, mais au dehors?

contre ce qui le rend nécessaire, contre cette
tyrannie des choses qui se compose de la misère, de l'ignorance, de l'abandon, des mauvais
exemples, de tout ce qui obscurcit l'intelligence
et entrave le libre arbitre, de tout ce qui aveu-
gle l'âme et la corrompt. S'il est bon de réformer
le criminel, il est meilleur encore de le rendre
impossible. J'admire la médecine qui me gué-
rit ; j'aimerais mieux pourtant celle qui saurait
m'empêcher d'être malade.

—

VII

Je viens de marquer deux questions parmi
celles que soulève notre système pénitentiaire,
ainsi que les conséquences qu'il produit ou
qu'on lui prête. Je me suis demandé si l'on
ne pourrait pas amoindrir le nombre des récidives en amendant de plus en plus les coupables, et diminuer le nombre des délits en
amendant la population où ils se recrutent,
ou, en d'autres termes, s'il n'y aurait plus
rien à faire pour empêcher d'abord la première faute et puis la seconde. Ce n'est pas que
j'aie l'intention de résoudre ces grandes questions ou même de les étudier, ce qui exigerait

un cadre autrement étendu que celui dont je dispose. Je ne puis me dispenser cependant d'indiquer quelques points qui s'y rapportent ou se rattachent aux observations que j'ai faites en parcourant la Maison d'Auberive.

Je prie mes lecteurs de se rassurer, j'irai vite, et pour plus de rapidité, je me bornerai à soulever des doutes, à poser des questions, laissant à qui de droit à les résoudre.

Il n'est personne, quelle que soit l'opinion que l'on professe d'ailleurs sur le fond des choses, qui ne reconnaisse l'importance des idées religieuses et qui ne les place au premier rang des agents moralisateurs. Il y a donc eu un très-grand progrès accompli le jour où l'instruction religieuse a été organisée dans les Maisons centrales, et l'on ne saurait jamais trop faire pour y ajouter encore. Un scrupule s'élève cependant dans mon esprit. L'influence religieuse est assurément ce qui contribue le plus à l'amélioration morale; il n'y a rien de tel que cette douce chaleur pour pénétrer et détacher la dure écorce qui enveloppe les âmes grossières ou dégradées. Mais à quelle condition? Évidemment à la condition que l'enseignement religieux soit accepté. Ne serait-il pas à craindre sans cela qu'il ne produisît l'irritation et l'hypocrisie au lieu de l'apaisement et de la force mystérieuse que l'on sollicite ? N'est-il pas à craindre enfin que les faux semblants du zèle ne captent des faveurs qui seraient mieux placées ailleurs, et qu'il n'en résulte de fâcheux effets sur la discipline et même sur la moralité des détenues auxquelles les mêmes faveurs sont refusées ? Personne n'admire plus que moi les saintes femmes qui se dévouent à la mission qu'elles sont chargées de remplir, à Auberive et dans les autres maisons du même genre ; je me demande seulement si elles savent toujours se mettre à l'abri de cette captation dangereuse, si leur piété même et leur zèle ne leur est pas quelquefois un piége. C'est là un des points les plus importants et les plus délicats qui se recommandent à la sollicitude de l'Administration.

A côté de l'influence religieuse se place celle de l'instruction, qui ne s'en sépare pas. On a constaté à Auberive que l'Ecole rend les jeunes détenues plus sérieuses, que celles qui y entrent complétement ignorantes, s'appliquent avec ardeur à lire et à écrire, et par suite à rédiger elles-mêmes leurs lettres pour leurs familles, qu'elles y mettent un grand amour-propre, et qu'ainsi s'éveillent ou s'entretiennent dans leurs cœurs les sentiments régénérateurs. N'est-ce pas là une raison d'appeler l'attention de l'Administration supérieure sur les améliorations dont cette partie du service peut être susceptible? Je demande si toutes les personnes auxquelles l'école pourrait être utile, y sont admises, si le niveau de l'enseignement y est assez élevé, si le cadre même n'en pourrait pas être élargi de manière à ce que l'éducation y eût une plus grande place à côté de l'instruction, si ces pauvres fleurs abattues par l'orage ne veulent pas d'appuis plus fermes. Il n'est que trop malheureusement avéré que l'influence religieuse n'agit pas sur toutes les détenues. Il faut donc essayer de les saisir par un autre côté; et il n'y a guère que l'école qui puisse en donner le moyen.

J'avais été frappé, dans ma visite à Auberive, d'un fait qui me paraissait étrange et en contradiction avec les principes du système et l'esprit qui anime l'administration de nos établissements pénitentiaires, je veux dire de la promiscuité des femmes condamnées aux travaux forcés et des correctionnelles. Cela me faisait l'effet d'une anomalie, et de plus j'y voyais de graves inconvénients possibles. J'ai appris depuis que ce point précisément venait d'attirer l'attention du ministre, et que, pour atténuer ce qu'il peut y avoir de fâcheux dans l'état de choses actuel, on avait décidé la création dans toutes les maisons centrales de femmes de *quartiers d'amendement* où seront recueillies, les détenues qui se seront le plus distinguées par leur bonne conduite et leur travail, et que le tiers au moins de la population pourra être appelée à faire partie de ces quartiers. C'est là une amélioration sérieuse ; c'est un cordon sanitaire. Je persiste à croire cependant que la séparation devrait être faite au préalable. Je ne vois pas de raison pour que la promiscuité soit maintenue, même avec le palliatif auquel on songe (1).

Un point qui ne mérite pas moins, selon moi, la sollicitude de l'Administration, c'est l'organisation des refuges. Ç'a été une pieuse et excel-

____

(1) Le projet d'amélioration dont je parle est dû, je crois, à l'initiative de M. Jaillaut, successeur de M. Dupuy dans la direction des établissements pénitentiaires. Le nouvel administrateur général des prisons est, assure-t-on, un homme d'une grande capacité spéciale, et l'on compte beaucoup sur lui pour les améliorations à accomplir dans l'important service qui lui est confié.

lente pensée que celle que l'on a eue d'offrir aux malheureuses frappées par la justice humaine des asiles hospitaliers après leur libération. Elles échappent ainsi aux difficultés qu'elles eussent été exposées à rencontrer dans une société défiante, et peuvent parvenir à surmonter cette défiance même par les nouvelles garanties de moralité et de résipiscence qu'elles présentent après une telle épreuve. N'y a-t-il pourtant rien à faire encore de ce côté? Je ne doute pas que le sentiment qui domine dans l'administration des refuges ne soit celui-là même qui a présidé à leur naissance, c'est-à-dire la charité; et rien n'est plus louable, plus respectable que les femmes pieuses qui les gouvernent. Mais la spéculation, si habile à tout exploiter, ne mêle-t-elle jamais ses calculs égoïstes aux effusions désintéressées du zèle religieux? A-t-on pris contre elle toutes les garanties nécessaires? Ces refuges s'ouvrent-ils enfin indistinctement à toutes les libérées, et n'y a-t-il jamais d'exclusions fâcheuses? Si l'on répondait qu'il y a des exclusions, et qu'elles sont inévitables, pourquoi n'y aurait-il pas d'autres refuges pour celles qu'atteindrait l'ostracisme?

Après ces considérations qui se rapportent

aux moyens d'empêcher la seconde faute, disons quelques mots sur ceux qui pourraient contribuer à empêcher la première.

Je ne crois pas que l'on puisse avoir vu passer sous ses yeux la population de la Maison centrale d'Auberive sans se persuader de plus en plus que le crime et le vice ont avec la misère et l'ignorance une étroite et fatale parenté. Presque toutes ces figures sont marquées du double stigmate de la dégradation physique et morale. Cela est clair comme le jour : le divin rayon n'a pu percer l'enveloppe, où il s'est effacé. Quand on sait, en outre, que l'immense majorité de ces malheureuses viennent des couches sociales où le bien-être et les lumières n'ont pas encore pénétré, il est difficile d'échapper à notre conclusion, à savoir, que la misère et l'ignorance sont les plus cruels ennemis de l'homme, que les sociétés intelligentes et vraiment humaines doivent tendre contre elles leur plus grand effort, leur faire une guerre sans trêve ni merci. Et pour le dire en passant, l'on se prend aussi à gémir, malgré qu'on en ait, de voir notre pays détourner ses pensées de ce grand objet, qui est celui de la civilisation, ou du moins épuiser les forces qui pourraient conduire au but, dans de folles entreprises et pour des prétentions puériles de prééminence brutale, de supériorité barbare.

Je veux poser ici une question, qui n'est pas une question de science politique, mais de simple bon sens, que l'on peut résoudre aisément, et qu'il faudrait être idiot, si j'ose dire ainsi, pour croire au-dessus de la compétence la plus vulgaire. Je demande, d'une part, qu'on réfléchisse aux milliards qui ont été dépensés depuis vingt ans pour nos expéditions et nos armements militaires, que l'on compte ce que l'on aurait pu élever d'écoles, exécuter de travaux utiles, accomplir d'améliorations de toute sorte dans la condition des hommes qui sont les instruments ou les auxiliaires de la civilisation, prêtres, instituteurs, fonctionnaires de toute sorte de l'ordre intellectuel et moral, et par suite ce qu'il en serait rejailli de bien dans la condition générale de la société; et, d'autre part, je demande si le suffrage universel, sincèrement consulté, mis loyalement en demeure de se prononcer entre les travaux de la guerre et ceux de la paix, aurait pu hésiter un moment entre une politique de ruine et une politique de production, surtout dans l'hypothèse où les conséquences de la première de ces deux politiques auraient pu se mettre dans la balance au moment du vote. Je parlais tout à l'heure de progrès. Eh! ne voit-on pas de suite par ce simple rapprochement quelle en est la condition? N'est-il pas de la plus haute évidence que cette condition se rencontre uniquement dans le gouvernement des peuples par eux-mêmes, que les sociétés ne grandissent en moralité et en bien-être que lorsqu'elles ont la libre disposition d'elles-mêmes et de leurs ressources? Pour se convaincre de cette vérité, il ne serait pas nécessaire de sortir de nos établissements pénitentiaires; ce que j'ai dit plus haut de leur histoire, bien que j'aie à peine touché à ce terrain, suffit à montrer que c'est sous les gouvernements libres que là même le progrès s'est accompli.

J'insiste sur ce point; et qu'on croie bien que je ne fais pas là une digression; je suis au contraire au sein même de mon sujet. A m'entendre parler d'améliorations à faire dans notre système pénitentiaire et aux moyens de le rendre autant que possible inutile par la diffusion du bien-être et de l'instruction, je ne serais pas étonné qu'on me dît : « Vous en parlez bien à votre aise ; sans doute les améliorations que vous indiquez, et d'autres encore, peuvent être excellentes ; mais vous n'y songez pas? Cela ne peut se faire sans argent, et où prendre de l'argent? » — C'est là l'éternelle objection ; mais qu'on ne s'imagine pas que l'on soit embarrassé pour y répondre. — « Faites-moi de la bonne politique et je vous ferai de bonnes finances, » disait un homme d'État célèbre. Oui, tout est là, il ne faut cesser de le répéter ; et ce n'est pas seulement ce que le baron Louis appelait de bonnes finances, que fait la bonne politique ; la bonne politique fait de plus la richesse et la moralité des nations ; elle fait leur force et leur grandeur. Avec de la bonne politique, l'impôt lui-même perd son caractère fiscal et oppressif : il devient une rosée féconde en retombant sur le sol qui l'a fourni. Car la valeur de l'impôt, comme l'a dit Montesquieu, est dans la manière dont il est employé. Or, de quelle manière est-il employé aujourd'hui? Que ceux qui seraient disposés à faire l'objection, répondent.

Je m'arrête et il en est temps ; mais je m'en aperçois en finissant, la sagesse des nations a bien raison de dire : « L'homme propose et Dieu dispose. » Je n'avais, en prenant la plume, après ma visite à la Maison centrale d'Auberive, nulle autre intention que celle de jeter rapidement sur le papier mes impressions de voyage ; et voilà que peu à peu j'arrive à distribuer l'éloge et le blâme, à faire la critique du passé et du présent, à donner mes propres vues sur l'avenir et pour ainsi dire à faire œuvre de censeur. C'est qu'aussi nous vivons dans un temps où il s'en faut que tout soit à souhait, que tout aille au mieux des idées de progrés, des besoins de perfectionnement qui agitent notre pays depuis plus d'un siècle ; c'est que chacun se sent sur un sol où tout fermente et tout bouillonne, et où rien n'aboutit. Comment rester indifférent en présence d'un pareil état de choses? La société française est comme un vaisseau qui navigue sur une mer immense ; il y a au fond de la perspective des terres fertiles et riantes ; on pourrait y atteindre rapidement, et l'on s'agite en vain : on louvoie misérablement. Est-il possible au voyageur, alors même qu'il songe à faire connaître l'emploi d'une seule de ses journées, ou un seul épisode de la traversée, de se désintéresser du reste, de se renfermer exclusivement dans l'objet qui aujourd'hui occupe sa pensée et arrête sa vue?

Non assurément; et, n'eût-il à parler que des pauvres diables de matelots qui ont mérité d'être jetés à fond de cale, il lui sera difficile de ne pas se demander s'il n'y aurait pas quelque moyen de les ramener plus rapidement à résipiscence, de diminuer le nombre de ceux qui seraient enclins à les imiter, ou même si la façon dont le vaisseau est commandé n'est pour quelque chose dans leur sort. Il y a connexion entre toutes les parties du navire, il y a solidarité, à quelque poste que l'on soit, entre tous les membres de l'équipage.

FIN

PARIS. — IMPRIMERIE L. POUPART-DAVYL, RUE DU BAC, 30

9 782019 944469